# Von Engeln und Heiligen

EDITION LAMBERT SCHNEIDER

# Von Engeln und Heiligen

## Erlesenes aus der Legenda aurea des Jacobus de Voragine

von Hildegunde Wöller

Wissenschaftliche Buchgesellschaft

*Eine Auswahl aus:*
*Die Legenda aurea des Jacobus de Voragine,*
*aus dem Lateinischen übersetzt von Richard Benz*

*Unveränderter Nachdruck der 1996 im Lambert Schneider Verlag*
*erschienenen Ausgabe*

Die Deutsche Bibliothek verzeichnet diese Publikation
in der Deutschen Nationalbibliografie;
detaillierte bibliografische Daten sind im Internet über
http://dnb.ddb.de abrufbar.

© 2004 by Wissenschaftliche Buchgesellschaft, Darmstadt
Gedruckt auf säurefreiem und alterungsbeständigem Papier
Printed in Germany

**Besuchen Sie uns im Internet: www.wbg-darmstadt.de**

ISBN 3-534-18076-3

# Inhalt

Wer durch Kirchen und Kathedralen, durch Museen und urchristliche Stätten wandert, sieht unzählige Skulpturen, Reliefs, Fresken und Gemälde von Maria und Jesus, von Engeln und Heiligen. Nur die wenigsten kennen alle die dargestellten Geschichten, und es stehen auch viele von ihnen keineswegs in der Bibel. So war es für mich vor Jahren eine Entdeckung, auf die *Legenda aurea des Jacobus de Voragine* zu stoßen und festzustellen, daß dieses Buch viele der Geschichten enthält, die in der christlichen Kunst abgebildet sind.

Und nicht nur das, die *Legenda aurea* ist eine Fundgrube gerade auch für Frauen, die nach ihren christlichen Vorfahrinnen suchen. Die religiöse Glut der Christusminne der heiligen Jungfrauen, ihr Widerstand gegen Väter, gegen Richter und Könige, ja gegen den Teufel zeugt von einer seelisch-geistigen Leidenschaft, die ihresgleichen sucht. Manchmal scheint mir, Frauen von heute könnten bei ihrer Auseinandersetzung mit dem Patriarchat noch manches von ihnen lernen.

Als der Verlag mich bat, aus der Übersetzung dieses Werkes von Richard Benz eine Auswahl zu treffen, die Leser von heute auf die *Legenda aurea* aufmerksam machen könnte, habe ich mich gern erneut mit dieser einmaligen Sammlung befaßt, die im Mittelalter weiter verbreitet war und mehr gelesen worden ist als die Bibel. Richard Benz hat in der Einleitung zu seiner Über-

**8** setzung aus dem Jahre 1955 alles Wichtige über den Verfasser und sein Vorhaben mitgeteilt; ich kann es mir an dieser Stelle darum ersparen, den Genueser Bischof und Predigermönch des 13. Jahrhunderts, *Jacobus de Voragine*, zu würdigen. Mir ist die leichtere Aufgabe zugefallen, aus seinem Werk von über 1000 eng bedruckten Seiten eine Auswahl zu treffen.

Dabei habe ich mich leiten lassen zunächst einmal von der Farbigkeit der Geschichten und zweitens vom Bekanntheitsgrad der Gestalten, von denen hier erzählt wird. Großzügig bin ich gewesen bei der Aufnahme der Legenden von Frauen. Dabei spielt neben den Heiligen natürlich in erster Linie das Marienleben eine Rolle, das in der christlichen Kunst am häufigsten dargestellt wird – angefangen bei der Geburt Marias bis zu ihrer Himmelfahrt. Die aus dem Neuen Testament bekannten Geschichten konnten bei der Auswahl zurücktreten gegenüber den farbigen Ausmalungen und Kommentierungen durch die Legende, die sich um den biblischen Text herumranken. Ein interessantes Detail der Legenden ist die Freimütigkeit, mit der *Jacobus de Voragine* die kirchliche Festsetzung so mancher christlicher Feiertage als Abwehr heidnischer Kulte schildert. Nebenbei gesagt, wäre es eine eigene Untersuchung wert, den religionsgeschichtlichen Hintergrund so mancher Heiligenlegenden zu ergründen. Nicht wenige gehen auch da, wo *Jacobus de Voragine* es nicht ausdrücklich erwähnt, auf vorchristliche Riten und heilige Orte zurück, die nun, sozusagen getauft, in den Volksbräuchen weiter gepflegt werden konnten.

*Jacobus de Voragine*, so geht aus seinem Werk hervor, ist

mit seinen Quellen durchaus kritisch umgegangen;
seine Rationalität erstaunt. Auf der anderen Seite war
er ein Prediger und Lehrer, der dem Kirchenvolk den
Glauben nahebringen wollte. Die Legenden konnten
gar nicht genug von Wundern strotzen, um ihm zu gefallen. Engel und Teufel, Zauber und Gegenzauber, Vi-
sionen und Heilungen reihen sich hier aneinander. Die
Passagen, wo er predigt und theologisch-dogmatisch
wird, auch wo er einen erschreckenden Antijudaismus
an den Tag legt, konnte ich bei meiner Auswahl einfach
weglassen. Auch in den ausgewählten Originaltexten
selbst habe ich gekürzt. Wo bei *Jacobus de Voragine* noch
mehr zu lesen ist, wird im vorliegenden Buch durch ...
darauf hingewiesen.

Ich erwarte von der Leserin, dem Leser keineswegs,
daß sie oder er alle diese Legenden im historischen
Sinne für wahr hält. Sie sind in erster Linie Erzählun-
gen, die das wollen, was jeder Erzähler sich wünscht:
das Publikum gut zu unterhalten. Im Mittelalter waren diese Legenden das, was heute der Krimi, der Lie-
besroman und das Volksstück sind. Hier und da habe
ich darum bewußt auch komische Stellen wie etwa
die von den Hebammen bei der Geburt Jesu aufgenommen.

Die Legenden bezeugen in erster Linie, wie das Neue
Testament, Glaubenserfahrungen. Dabei gründen sie
auf einer Vorstellungswelt, die uns weitgehend fremd
geworden ist. Zugleich atmen sie eine religiöse Glut,
eine Opferbereitschaft, ein Ringen um Wahrheit und
Authentizität, vor der wir Heutigen nur staunend verharren können. So, wie frühchristliche Darstellungen
die heiligen Geschichten auf goldenem Grund zeigen,

**10**  ist es auch hier: Die jenseitige Welt, der Himmel mit Christus und seinen Engeln, ist nahe, durchdringt und durchglüht das menschliche Sein. Und nur vor diesem Hintergrund bekommt es seinen Rang und seinen Sinn.

*Hildegunde Wöller*

# 1. SANKT MICHAEL UND DIE ENGEL

*Der Vorhang geht auf zum großen Welttheater, der Fürst der Engel, der gewaltige Erzengel Michael mit dem Schwert in der Hand, tritt auf, denn er ist es, der das Drama von Himmel und Erde und selbst das Geschick der gottfeindlichen Mächte steuert.*

## Der Erzengel Michael

Michael ist verdolmetschet ›Wer ist Gott gleich?‹ Davon schreibt Sanct Gregorius ›Also oft großes Wunder soll geschehen, so wird Sanct Michael ausgesandt, daß aus demselben Werk und aus dem Namen offenbar werde, daß niemand so große Werke mag vollbringen als Gott‹. Darum werden Sanct Michael gar viel wunderlich große Werke zugewiesen. Denn er wird zu der Zeit des Antichrist aufstehen, als Daniel schreibt, und wird ein Beschützer und Hüter sein der Auserwählten; er hat mit dem Drachen gekämpft und seinen Engeln, und hat sie aus dem Himmel hinabgestoßen und großen Sieg gewonnen. ... Er empfängt auch die Seelen der Heiligen und führt sie ins Paradies der Freuden. ... In der heiligen Engel Heer ist er der Bannerträger Christi. Er wird auf des Herrn Befehl den Antichrist auf dem Ölberge töten mit großer Kraft. Auf seine Stimme werden die Toten erstehen. Er wird am jüngsten Tage herfürtragen das Kreuz und die Nägel, die Lanze und die Dornenkrone. ...

Der Sieg, den Sanct Michael gewann, der geschah, da

**14** er den Drachen, das ist Lucifer, mit aller seiner Gesellschaft aus dem Himmel stieß. Darauf ziehet man, was in der heimlichen Offenbarung gesagt ist ›Es geschah eine große Schlacht im Himmel, Michael und seine Engel kämpften mit dem Drachen (Apoc. 12,7). Denn da sich Lucifer wollte Gott gleichen, da kam Michael, der Bannerträger des himmlischen Heeres, und stieß den Lucifer mit seinen Gesellen aus dem Himmel und bannete ihn in die finstere Luft, bis zum Tag des Gerichts. Denn sie dürfen nicht im Himmel wohnen noch in dem oberen Teil der Luft, da es hell ist und lieblich, auch nicht auf der Erde bei uns, daß sie uns nicht zu sehr schädigen; sondern sie sind in der Luft zwischen Himmel und Erde, aufdaß sie über sich schauen die Herrlichkeit, von der sie gefallen sind, und darob große Betrübnis haben; und auch unter sich schauen zur Erde nieder, von der sie die Menschen sehen dahinauf steigen, daher sie sind herab gefallen, und davon bitteren Neid empfangen. Doch ist auch von Gott verhänget, daß sie unterweilen bei uns auf Erden wohnen zu unserer Prüfung. Da fliegen sie häufig um uns wie Mükken, als etlichen heiligen Männern gezeigt ward, denn sie sind ohne Zahl und erfüllen die Luft wie die Mükken. Davon spricht Haymo ›Als die Philosophen haben gesagt und unsere Lehrer glauben, so ist die Luft also voller Teufel und böser Geister, wie ein Sonnenstrahl voll ist kleiner Stäubchen‹. Sind ihrer nun gleich also viel, so wird nach des Origenes Meinung doch ihr Heer jedesmal gemindert, wenn wir einen von ihnen besiegen: also, daß einer einen heiligen Mann, von dem er besiegt ist worden, nimmer mit der Sünde hinfort versuchen darf, in der er überwunden ward. ...

*Kurz zusammengefaßt, gibt Jacobus de Voragine die Engellehre des Dionysos Areopagita wieder, der aus zahlreichen Quellen und Überlieferungen, insbesondere nach jüdischen Schriften um die Zeitenwende, eine Ordnung der Engel, ihre Hierarchien, geschildert hat.*

Die erste Hierarchie heißt Epiphania, das ist gesprochen die oberste Erscheinung; die zweite heißt Hyperphania, das ist die mittlere Erscheinung; die letzte heißt Hypophania, das ist die untere Erscheinung. Hierarchia aber kommt von hierar, das heißt heilig; und archos, Fürst; und heißt soviel als heiliges Fürstentum. Jegliche dieser Hierarchien aber hat drei Ordnungen: in der obersten sind die Seraphin, Cherubin und Throni; in der zweiten, als Dionysius schreibt, die Dominationes, Virtutes und Potestates; in der letzten, als derselbe Dionysius schreibt, die Principatus, Engel und Erzengel. Diese Hierarchien sind unterschieden in ihrer Würde und in ihrem Amt gleich den Dienern eines irdischen Fürsten. Denn von den Dienern, welche unter einem Könige sind, dient ein Teil unmittelbar der Person des Königs, als die Kämmerer, Räte und Beisitzer: denen sind gleich die Ordnungen der ersten Hierarchie. Ein Teil Diener hat Ämter in der gemeinen Regierung des Reichs und sind nicht einer sonderlichen Provinz zugeteilt, als die Obersten des Heeres und die Richter des Hofes: denen gleicht man die Ordnungen der zweiten Hierarchie. Etliche sind gesetzt über einen Teil des Landes, als die Schultheißen und Vögte und dergleichen niedere Amtleute: diesen sind gleich die Ordnungen der dritten Hierarchie. Die drei obersten Ordnungen sind bei Gott selbst und haben mit ihm Gemeinschaft. Dazu sind drei Dinge not: höchste Liebe, die ist bei den Seraphin: davon sind sie genannt die brennenden; vollkommene Erkenntnis, die ist bei den Cherubin: davon sind sie genannt Fülle der Weisheit; immerwährendes Erfassen und Genießen, das ist bei den Throni: darum sind sie genannt ein Sitzen, da der Herr auf ihnen sitzt und ruht, indes er sie in sich selbst läßt ruhen. Die drei Ordnungen der mittleren Hierarchie herrschen über die Menschen alle gemeiniglich. Ihre Herrschaft aber besteht in drei Dingen: Erstlich im Gebieten und Befehlen; das tun die Dominationes oder Herrscher, denn sie haben die Herrschaft über die Unteren, und leiten sie in allen göttlichen Verrichtungen, und gebieten ihnen alles: das ist gemeint Zachariae 2, 4, da ein Engel zum andern spricht ›Lauf hin und sprich zu diesem Jüngling‹. Das andre ist das Wirken; das tun die Virtutes oder Kräftigen, welchen nichts unmöglich ist zu vollbringen was befohlen wird, denn ihnen ist gegeben Vermögen über alle Schwierigkeit in allem göttlichen Amt, darum ist ihnen sonderlich zugeteilt, Wunder zu tun. Das dritte ist Hemmen und Verbieten, daß alle Hindernis und Widerwärtigkeit werde vertrieben: das tun die Potestates oder Gewaltigen, welche Gewalt haben alles Widerwärtige zu zwingen. Davon lesen wir Tobiae 8, da es heißt, daß Raphael einen Teufel bannete in die Wüste des oberen Aegyptens. Die drei Ordnungen der letzten Hierarchie sind in ihrer Gewalt sonderlich bestimmt und begrenzt: etliche von ihnen sind über ein einzeln Land gesetzt, das sind die Principatus oder Fürsten:

gleich wie der Fürst der Perser der war, der an ihrer
Spitze stund; davon lesen wir Daniel am 10. Capitel.
Etliche sind gesetzt über eine Menge, als über eine
Stadt: das sind die Erzengel. Etliche aber sind zur Hut
eines einzelnen Menschen bestellt: das sind die Engel; darum sagt man auch, daß sie nur kleine Dinge
melden, weil sie nur einen Menschen angehen. Die
Erzengel aber, sagt man, melden große Dinge; denn
das Heil einer Menge Menschen ist wichtiger als das
eines einzelnen. In der Bestimmung der Ordnungen
der ersten Hierarchie stimmen Sanct Gregorius und
Bernardus mit Dionysius überein; denn sie sprechen
auch, daß die Seraphin bedeuten das Genießen Gottes, welches in brennender Liebe besteht; daß die
Cherubin darstellen die tiefe Erkenntnis, und die
Throni das Sein in Gott. Aber beim Bestimmen der
mittleren und unteren Hierarchien scheinen sie über
zwei Ordnungen nicht einerlei Meinung zu sein, das ist
über die Principatus und über die Virtutes. Gregorius
und Bernardus haben eine andere Betrachtung und
meinen, daß die mittlere Hierarchie der Herrschaft bestimmt sei und die untere dem Dienste. Die Herrschaft
unter den Engeln ist dreifach: es herrschen der Engel
etliche über gute Geister, die sind genannt Dominationes; es herrschen etliche über gute Menschen, die sind
genannt Principatus; es herrschen etliche über die bösen Geister, die sind genannt Potestates. Daraus wird
offenbar die Ordnung und Stufe ihrer Würdigkeit. Der
Dienst ist auch dreifach: einer besteht im Wirken, einer
im Lehren von großen Dingen, einer im Lehren von
kleinen Dingen. Der erste ist das Amt der Virtutes, der
zweite der Erzengel, der dritte der Engel. ...

Wir müssen ihnen aber Lob und Ehre erbieten um vieler Dinge willen. Denn sie sind unsre Hüter, unsre Diener, unsre Brüder und Mitbürger; sie tragen unsre Seelen gen Himmel und unser Gebet vor Gottes Angesicht; sie sind des obersten Königs edelste Ritter und die Tröster der Betrübten. Zum ersten also sollen wir sie ehren, weil sie unsre Hüter sind. Denn jeglichem Menschen sind zwei Engel zugegeben, ein böser, der ihn versuche, und ein guter, der ihn bewache. Der gute Engel ist dem Menschen gesellt in seiner Geburt, schon in seiner Mutter Leib, und darnach, so er aus Mutterleibe geboren ist, und bleibt bei ihm auch, so er zu Jahren kommt. In diesen dreien Zeiten ist die Hut des Engels dem Menschen gar not: ist er noch klein in Mutterleib, so mag er doch schon sterben und verdammt werden; ist er geboren, aber noch nicht zu Jahren kommen, so mag er an der Taufe gehindert werden; ist er aber gewachsen zu rechtem Alter, so mag er in vielerlei Sünde verstrickt werden. Denn der Teufel versucht den erwachsenen Menschen, indem er seinen Verstand mit Listen berückt, seinen Willen durch Verlockungen anreizt und seine Tugend niederdrücket mit Gewalt. Darum war es not, daß ihm der Engel zum Schutz gegeben ward, der ihn erzieht und weist wider die List des Teufels; ihn zum Guten mahnt wider seine Verlockungen; und ihm hilft wider die Gewalt und Unterdrückung. ...

Zum andern müssen wir sie ehren, weil sie unsre Diener sind. Denn sie sind alle dienende Geister wie geschrieben steht Hebräer am 1. Capitel ›Sie alle werden

um unsertwillen gesandt, die obersten zu den mittleren, die mittleren zu den unteren, die unteren zu uns.
Diese Sendung aber geschieht durch Gottes Güte; die
erkennen wir daran, daß er um unserer Seelen Heil die
edelsten Geister, die ihm durch innerste Liebe sind
verbunden, von ihm aussendet zu unsrer Rettung. Sie
geschieht auch durch die Liebe der Engel; denn es ist
doch brennende Liebe, wenn man eines andern Heil
sucht. ...

Zum dritten sollen wir sie ehren, weil sie unsre Brüder
und Mitbürger sind. Denn alle Auserwählten werden
unter die Scharen der Engel aufgenommen, etliche zu
den oberen, etliche zu den unteren, etliche zu den
mittleren, nach der Unterschiedlichkeit ihrer Verdienste, ohn allein die heilige Jungfrau, die ist erhöht über
alle englischen Chöre. ...

Die jungfräuliche Geburt Marias
Die Verlobung Marias
Die Verkündigung
Die jungfräuliche Geburt
Lichtmeß
Der Auferstandene erscheint Maria
Die Himmelfahrt Marias
Maria Himmelskönigin und Herrin der Engel

Mit *besonderer Liebe und Phantasie hat die Legende sich der Jungfrau Maria angenommen. Seit sie beim Konzil zu Ephesus im Jahre 451 den Titel Gottesgebärerin verliehen bekam, ist sie die Erbin aller vorchristlichen Göttinnen, seien sie Isis oder Artemis, Diana, Demeter oder Persephone, und aller, in deren Länder und Kulturen die christliche Mission je vorgedrungen ist.*

## Die jungfräuliche Geburt Marias

*Das Dogma lehrt, daß Maria frei von der Erbsünde gewesen sei, die seit Eva die Menschheit beflecke. Sie konnte das nur sein, wenn sie selbst bereits ein reines Gefäß war von Geburt an. Die Legende erzählt, wie sie ihren Eltern durch ein Wunder Gottes geschenkt wurde.*

Es nahm Joachim aus Galiläa von der Stadt Nazareth Sanct Anna zum Weibe aus der Stadt Bethlehem. Die wandelten beide in Gerechtigkeit und erfüllten ohne Tadel die Gebote des Herrn. Sie teilten alles ihr Gut in drei Teile: den einen gaben sie dem Tempel und seinen Dienern, den andern den Pilgern und Armen, den dritten behielten sie zu ihrer Notdurft für sich und ihr Gesinde. Zwanzig Jahre lebten sie zusammen, daß sie kein Kind hatten; also gelobten sie: wollte Gott ihnen eine Frucht verleihen, die wollten sie seinem Dienste weihen. Darum fuhren sie jedes Jahr an den drei Hauptfesten gen Jerusalem. Also zog zum Feste der

**24** Tempelweihe dieser Joachim einsmals mit seinen Stammesgenossen hinauf gen Jerusalem, und trat mit den andern vor den Altar und wollte sein Opfer darbringen. Aber da ihn der Priester sah, stieß er ihn mit großem Zorn hinweg und schalt ihn, daß er es wage, an den Altar des Herrn zu treten; denn es sei nicht ziemlich, daß der dem Herrn des Gesetzes seine Opfer bringe, der dem Fluch des Gesetzes sei verfallen; wie dürfe der Unfruchtbare unter den Fruchtbaren stehen, der das Volk Gottes nicht hätte gemehret. Da Joachim sich also geschändet sah, trauete er sich vor Scham nicht, wieder heim zu fahren; aufdaß seine Stammesgenossen, die dasselbe mit hatten angehört, ihm nicht den gleichen Schimpf erböten. Also machte er sich auf und ging zu seinen Hirten. Als er daselbst eine Zeit gewesen war, erschien ihm eines Tages, da er allein war, der Engel des Herrn in großer Klarheit. Und da er vor der Erscheinung erschrak, mahnte ihn der Engel, daß er sich nicht sollte fürchten, und sprach zu ihm ›Ich bin der Engel des Herrn und bin zu dir gesandt, dir zu künden, daß deine Gebete erhört sind und deine Almosen aufgestiegen vor Gottes Angesicht. Denn ich sah deine Schande und hörte den Vorwurf der Unfruchtbarkeit, den du unschuldig hast erlitten; denn es ist von Gebresten der Natur, und nicht von Sünden; und so der Herr den Leib eines Weibes verschließt, so tut er es allein, daß er ihn hernach desto wunderbarlicher öffne; aufdaß offenbar werde, daß das Kind ein Gottes Geschenk sei und nicht eine Frucht leiblicher Gier. Hat eure Stammutter Sara nicht die Schande der Unfruchtbarkeit tragen müssen, bis sie ihres Alters neunzig Jahre war; und hat doch den Isaak geboren,

dem aller Völker Segen verheißen ward? Rachel war
lange unfruchtbar und gebar den Joseph, der ein Herr
war über ganz Ägypten. Wer war stärker denn Samson
und heiliger denn Samuel? die doch beide von unfruchtbaren Müttern waren geboren. Darum so sollst
du mir glauben, als die Vernunft und diese Beispiele es
erweisen, daß späte Empfängnis und unfruchtbare Geburt allezeit gar wunderbarlich hinausgehen. Wisse,
dein Weib Anna wird dir eine Tochter gebären, die
sollst du Maria heißen. Die soll von Kind auf dem
Herrn geweiht sein, als ihr gelobet habt, und von Mutterleib an wird sie voll sein des heiligen Geistes; sie
wird nicht draußen unter dem Volke wohnen, sondern
im Hause des Herrn sein immerdar, auf daß nichts
Übles je von ihr werde gedacht. Und wie sie selbst
wunderbarlich von einer unfruchtbaren Mutter wird
geboren, also wird auch wunderbarlich von ihr der
Sohn des Höchsten geboren werden, des Name soll
Jesus heißen, und er wird ein Heil sein allen Völkern
auf Erden. Und das nimm zum Zeichen: so du nach
Jerusalem kommst zu der goldenen Pforte, wird dein
Weib Anna dir begegnen; sie wird betrübt sein, daß du
so lange verzogen hast, und wird nun froh sein deines
Anblickes‹. Als der Engel das gesprochen hatte, verschwand er.
Unter diesen Dingen saß Anna und weinte, denn ihr
war unkund, wo ihr Mann war hingegangen. Da erschien ihr derselbe Engel und verkündigte ihr alle
Dinge, die er Joachim zuvor hatte gesagt; und sprach
auch, daß sie des zum Zeichen nach Jerusalem sollte
gehen zur goldenen Pforte, da würde sie ihrem Manne
begegnen, wenn er heim käme. Also gingen sie sich

**26** beide entgegen auf des Engels Geheiß und begegneten einander. Da freueten sie sich beide über das Gesicht, das ihnen zugleich erschienen war, und waren getrost des Kindes, das ihnen war verheißen. Sie dankten Gott und kehrten nach Hause zurück in fröhlicher Erwartung dessen, das ihnen von Gott gelobt war. Also empfing Anna und gebar eine Tochter, die nannte sie Maria mit Namen. Da nun drei Jahre um waren und das Kind entwöhnt war, führten die Eltern es zum Tempel mit ihrem Opfer. Nun waren um den Tempel fünfzehn Stufen zu einem Bilde der fünfzehn Stufenpsalmen. Denn der Tempel lag auf der Höhe und war auf dem Berge gebaut, also daß man nicht zu dem Altar der Brandopfer, der vor dem Tempel stund, kommen mochte, denn auf den Stufen. Und da man die Jungfrau auf die unterste Stufe stellte, stieg sie die Stufen alle ohn jegliche Hilfe empor, als wäre sie schon vollkommenen Alters. Da nun das Opfer vollbracht war, kehrten die Eltern nach Hause zurück, die Tochter aber ließen sie mit den anderen Jungfrauen in dem Tempel. Also nahm Maria täglich zu an aller Heiligkeit, und ward täglich von dem Engel besucht, und wurden ihr täglich göttliche Gesichte. ...

Da sie vierzehn Jahre alt war, ließ der Hohepriester öffentlich ausrufen, daß die Jungfrauen, die in den Tempel waren gebracht worden und ihr Alter erfüllt hätten, nach Hause sollten kehren, daß man sie Männern zur Ehe gäbe. Dem Gebot waren die Jungfrauen alle gehorsam, ohn allein Maria; die sprach, das möchte sie nicht vollbringen, weil ihre Eltern sie dem Dienst des Herrn hätten geweiht, und sie ihre Jungfrauschaft Gott hätte gelobt. Da stund der Hohepriester in großem Zweifel, denn er wollte nichts wider die Schrift tun, welche spricht ›Das Gelübde sollst du halten!‹ Und wollte doch auch keine neue Sitte anheben, die dem Volk ungewohnt war. Da nun ein Fest nahete, rief er die Ältesten der Juden zusammen, da urteilten sie alle einmütiglich, daß man in dieser zweifelhaften Sache Gottes Rat müsse begehren. Da sie nun alle im Gebet lagen, und der Hohepriester hineingegangen war, den Herrn zu befragen, ward alsbald aus dem Allerheiligsten eine Stimme gehört, die sprach, daß jedermann es hörte: Alle, die mannbar wären vom Stamme David und noch nicht vermählt, die sollten jeglicher eine Rute zum Altar bringen; und so seine Rute blühe und der heilige Geist in einer Tauben Gestalt auf ihre Spitze herabsteige, als Isaias hatte geweissagt, so sollte er ohne Zweifel der Jungfrau verlobt werden. Nun war unter den andern Joseph vom Stamme David, den bedeuchte es unziemlich, daß er in seinem hohen Alter die zarte Magd zum Weibe nähme; darum verbarg er seine Rute, während die andern alle die ihren darbrachten. Da aber das Zeichen nicht erschien, das ih-

nen die Stimme hatte gekündet, so befragte der Hohepriester den Herrn zum anderen Male. Der antwortete
›Der dieser Jungfrau würdig ist, der hat allein seine
Rute nicht dargebracht‹. Also ward Joseph verraten
und mußte seine Rute darbringen: die blühete alsbald,
und eine Taube kam vom Himmel herab und ließ sich
auf der Spitze der Rute nieder. Da war ihnen allen offenbar, daß die Jungfrau ihm sollte verlobt sein. Also
ward das Verlöbnis zwischen ihnen getan. Darnach
fuhr Joseph wieder in seine Stadt Bethlehem, daß er
sein Haus richte, und zubereite, was zu der Hochzeit
not sei. Maria die Jungfrau aber kehrte heim gen Nazareth in ihr väterlich Haus, geleitet von sieben Jungfrauen, ihren Milchschwestern und Gespielinnen, die
der Hohepriester ihr zum Zeichen des Wunders hatte
zugegeben. ...

### Die Verkündigung

In diesen Tagen erschien ihr dann der Engel Gabriel,
da sie betete, und kündete ihr die Geburt des Gottes-
sohnes. Der Engel sprach ›Sei gegrüßet du voller Gnaden‹. Davon spricht Sanct Bernhard ›Maria hat in ihrem Leibe die Gnade der Gottheit, in ihrem Herzen die
Gnade göttlicher Liebe, in ihrem Munde die Gnade des
Zusprechens, in ihren Händen die Gnade aller milder
Barmherzigkeit‹. Und spricht fürbaß ›Sie ist wahrlich
der Gnaden voll; denn von ihrer Fülle empfangen die
Gefangenen eine Erlösung, die Kranken das Heil, die
Betrübten einen Trost, die Sünder Vergebung, die Ge-

rechten Gnade, die Engel Freude, die heilige Dreieinigkeit Lob und Ehre, und des Menschen Sohn wahren
menschlichen Leib‹. ›Der Herr ist mit dir‹: ›Der Vater
ist mit dir, der da hat erzeugt, den du empfängst; der
heilige Geist, von dem du empfängst; der Sohn unser
Herr, den du mit deinem Fleische bekleidest und um-
giebst‹. Solches spricht Sanct Bernhard. ›Du Geseg-
nete unter den Frauen‹, das ist: über alle Frauen; denn
du bist Jungfraumutter und Gottesmutter. Dreierlei
Fluch lag auf dem Weibe. Erstlich die Schande, wenn
es nicht gebar; darum sprach Rachel ›Der Herr hat
meine Schmach von mir genommen‹ (Genesis 30, 23).
Zum andern der Fluch der Sünde, wenn es gebar; davon heißt es im Psalm ›Siehe ich bin in Bosheit geboren und in Sünden von meiner Mutter empfangen‹ (Ps.
50, 7). Zum dritten der Fluch der Pein, wenn es gebar;
denn es steht geschrieben im Buche Genesis ›Du
sollst mit Schmerzen Kinder gebären‹ (Gen. 3, 16). So
ist Maria allein gesegnet unter den Frauen. Sie ist
Jungfrau und fruchtbar, sie empfängt in Heiligkeit, und
gebiert ohne Schmerzen. ...
Es war über die Natur, daß eine Jungfrau empfing; es
war über Vernunft, daß sie Gott gebar, es war über
menschliche Kraft, daß sie ohne Schmerzen gebar, es
war über gewöhnlichen Lauf, daß sie von dem heiligen
Geiste empfing; denn sie gebar nicht aus menschli-
chem Samen, sondern von einem mystischen Hauch:
der heilige Geist nahm an sich von dem reinsten und
lautersten Blut der Jungfrau und schuf davon Christi
Leib. ...

Als die Stunde kam, da Maria gebären sollte, rief Joseph zwei Wehmütter herbei, die eine hieß Zebel, die andre Salome; wol zweifelte er nicht daran, daß die Jungfrau den Gottessohn gebären würde, sondern er tat nur nach der Sitte des Landes. Da nun Zebel empfand, daß Maria Jungfrau war, da rief sie ›Wahrlich, diese ist Jungfrau und hat geboren‹. Das wollte Salome nicht glauben, und wollte es aber prüfen; da erstarb ihr die Hand und dorrete. Unter dem erschien ein Engel und gebot ihr, daß sie das Kind anrührte; davon ward sie alsbald wieder gesund. ...

## Lichtmeß

*Der Evangelist Matthäus erzählt, daß Maria und Josef mit dem Jesusknaben nach jüdischem Brauch in den Tempel gingen, um zwei Tauben zu opfern, wie es für eine Frau vorgeschrieben war, wenn sie entbunden hatte. Denn sie galt dadurch als unrein. Mariä Reinigung heißt der 2. Februar daher, oder auch Lichtmeß. Wie es zu diesem Namen für das Fest kam, erklärt die Legenda aurea.*

Der Name dieses Festes ist Lichtmeß, weil man brennende Kerzen in den Händen trägt. Warum aber die Kirche geordnet hat, daß man an diesem Tage brennende Kerzen trage, des sind vier Ursachen.
Die erste Sache ist gewesen, daß ein heidnisch Irrsal und böse Gewohnheit werde verstört. Denn die Römer

hatten vor Zeiten die Gewohnheit, daß sie jedes fünfte
Jahr am ersten Tage des Februar die Stadt mit brennenden Kerzen und Fackeln eine ganze Nacht erleuch-
teten, einer Göttin zu Ehren, die war Februa genannt,
und war die Mutter des Mars, welcher gewaltig ist über
den Krieg; die ehrten sie so feierlich, damit ihr Sohn
ihnen Sieg verliehe wider ihre Feinde; die Zeit aber von
einem Fest zum andern nannten sie ein Lustrum. Auch
opferten die Römer im Februar dem Februus, das ist
dem Pluto, und den andern unterirdischen Gottheiten;
das taten sie für die Seelen ihrer Vorfahren; und damit
sie ihnen gnädig seien, brachten sie ihnen feierliche
Opfer dar und wachten die ganze Nacht in ihrem Lob
mit brennenden Kerzen und Fackeln. Innocentius der
Papst erzählt, daß auch die römischen Frauen in diesen Tagen ein Fest der Lichter begingen; das hatte seinen Ursprung aus den Fabeln der Poeten. Sie sagen
nämlich, daß Proserpina war also schön, daß Pluto, der
Höllen Gott, ihrer begehrte, und raubte sie und
machte sie zu einer Göttin. Da suchten ihre Eltern sie
durch die Wälder und durch die Haine mit Fackeln und
Lichtern lange Zeit. Dem zum Gedächtnis zogen die
römischen Frauen mit Fackeln und Lichtern einher.
Nun ist es schwer, Gewohntes fahren zu lassen; darum
mochten die Römer, da sie Christenglauben empfingen, diese heidnische Sitte nicht lassen, und also wandelte Sergius der Papst diese Gewohnheit zum Guten
und ordnete, daß die Christen zu Ehren der Mutter
Gottes jedes Jahr an diesem Tag mit brennenden Kerzen und geweihtem Wachs alle Welt sollten erleuchten; also blieb die andächtige Gewohnheit, aber der
Sinn ward ein anderer. ...

*Vor allen anderen Jüngerinnen und Jüngern ist der Auferstandene seiner Mutter Maria erschienen, so will es die fromme Tradition.*

Das war, daß er Marien seiner Mutter erschien vor allen andern; das glaubt man gewißlich, ob auch die Evangelisten davon schweigen. ... Glaubt man es aber nicht, dieweil kein Evangelist es bezeugt, so wäre dann Christus nach seiner Auferstehung ihr nicht erschienen, denn kein Evangelist sagt wann oder wo. Aber das sei fern, daß der Sohn die Mutter mit Versäumnis also habe entehret. Wol mag es sein, daß die Evangelisten nur darum schweigen, weil sie nichts anderes wollten denn Zeugen geben für die Auferstehung; die Mutter aber als Zeugen zu stellen für den Sohn, war nicht ziemlich. Denn wenn schon der anderen Frauen Rede für Fabel und Traum gehalten ward, so mußte der Mutter Zeugnis als ein Wahn erscheinen, den ihr die Liebe zu ihrem Sohne eingab; darum wollten die Evangelisten nicht davon schreiben, doch war es ihnen sicher ohne allen Zweifel. Denn die Mutter mußte er mit seiner Auferstehung noch eher erfreuen als die anderen, weil sie mehr bei seinem Tode gelitten hatte als die andern; und wahrlich, er durfte der Mutter nicht vergessen, da er also eilte, die anderen zu trösten. Das bezeugt auch Ambrosius in dem dritten Buche von den Jungfrauen, da er spricht ›Die Mutter sah die Auferstehung des Herrn, und sah und glaubte am ersten; Maria Magdalena sah sie auch, ob sie gleich noch zweifelte‹. Und, von der Auferstehung Christi handelnd, spricht er

›Der jungfräulichen Mutter erschien er zu allererst
nach seiner Auferstehung, auf daß sie des großen
Wunders Zeuge sei; sie war einst der Weg des kom-
menden, so sollte sie auch des wiederkommenden
Wegweiser sein‹. ...


## Die Himmelfahrt Marias

*Reich ausgeschmückt ist die Legende von Marias Sterben und
Himmelfahrt. Christus selbst erscheint aus dem Himmel mit seinen Engeln, um ihre Seele emporzutragen. Der Dialog zwischen
ihm und ihr verwendet Zitate aus dem Hohenlied und charakteri-
siert Maria dadurch als Braut Christi – ein Beispiel und Vorbild
für alle Gläubigen.*

Da die Apostel ausgezogen waren zu predigen und sich
geteilt hatten durch die Welt, da war die heilige Jungfrau, als man liest, zurückgeblieben in dem Haus am
Berge Sion, aufdaß sie mit großer Andacht alle Zeit
ihres Lebens möchte durchlaufen die Stätten, da ihr
Sohn getauft ward, da er fastete und betete, da er litt
und begraben ward, auferstund und gen Himmel
fuhr. ...
Eines Tages nun, da ihr Herz gar sehr in Sehnsucht
nach dem Sohne war entzündet, ward ihr Geist bewegt,
daß ihre Tränen reichlich flossen; und wollte die Zeit,
da der Trost des Sohnes von ihr war genommen, nicht
mehr mit ruhigem Mute ertragen. Siehe, da erschien
ihr ein Engel in großem Glanz, der grüßte die Mutter
seines Herrn mit großer Ehrfurcht und sprach ›Sei ge-

grüßt Maria du Gebenedeite, empfange den Segen des, der Jacob seinen Segen gab; siehe, ich bringe dir einen Palmzweig aus dem Paradies, den sollst du vor deiner Bahre heißen tragen; denn in dreien Tagen wirst du von dem Leibe genommen werden, und mit großen Ehren von deinem Sohn empfangen‹. Da antwortete Maria und sprach ›Habe ich Gnade gefunden vor deinen Augen, so beschwöre ich dich: tu mir deinen Namen kund; und bitte dich mit Herzen, daß meine lieben Söhne und Brüder, die Apostel, allesamt mögen um mich sein, aufdaß ich sie noch sehe mit leiblichen Augen ehe denn ich sterbe, und sie mich zu Grabe mögen leiten; denn sie sollen bei mir sein, wenn ich meine Seele Gott wiedergebe. Zum andern bitte ich dich, daß meine Seele, so sie von dem Leibe geht, keinen bösen Geist möge sehen, und Sathans Macht soll mir nichts anhaben‹. Antwortete der Engel und sprach ›Fraue, was begehrst du meines Namens? Der ist groß und wunderbar. Aber siehe, es werden heute zu dir gesammelt werden die Apostel, die sollen dir ein edel Begräbnis bereiten, und sollen bei dir sein, wenn du deinen Geist aufgiebst. Denn der einst den Propheten eilends von Judaea gen Babylon führte am Schopf seines Haares, der wird ohn allen Zweifel auch die Apostel zu dir mögen bringen in einem Augenblick. Doch warum fürchtest du den bösen Geist zu sehen, des Haupt du doch zertreten hast, und des Gewalt und Reich von dir zerschmettert liegt? Aber es geschehe dein Wille, es soll ihrer keiner vor dein Angesicht kommen‹. Als der Engel das gesprochen hatte, stieg er wieder auf gen Himmel in großem Glanz; die Palme aber leuchtete in großer Klarheit: sie war grün als ein junger

Zweig, und ihre Blätter funkelten als der Morgenstern.

Es geschah aber, da Johannes zu Ephesus predigte,
daß eine weiße Wolke mit Donner vom Himmel kam
und hub den Apostel auf, und führete ihn vor die Tür
der Maria. Er klopfte an und ging hinein; mit großer
Andacht grüßte da der Jungfräuliche die Jungfrau. Da
Maria ihn sah, erschrak sie, und weinte vor großen
Freuden und sprach ›Lieber Sohn Johannes, gedenk an
die Worte deines Meisters, da er mich dir befahl zu
einer Mutter, und du solltest mein Sohn sein. Siehe,
nun ruft mich der Herr, denn ich soll sterben; und befehle meinen Leib in deine Hut. Und wisse, ich habe
gehört, daß die Juden unter einander Rat hielten und
sprachen ›Lasset uns zusehen, ihr Männer lieben Brüder, wann jene stirbt, die den Jesum getragen hat; so
wollen wir ihren Leichnam rauben und mit Feuer verbrennen‹. Darum so laß diesen Palmzweig vor der
Bahre hertragen, so ihr meinen Leib zu Grabe leitet‹.
Da sprach Sanct Johannes ›Ach wollte Gott, daß meine
Brüder die Zwölfboten alle hie wären, daß wir dich mit
großen Ehren möchten bestatten und würdiglich dir
lobsingen‹. Und da er das sprach, zu derselbigen
Stunde wurden die Apostel alle von den Stätten, da sie
predigten, von Wolken aufgehoben und vor die Tür der
Maria geführt. Da sie sahen, daß sie alle versammelt
waren, verwunderten sie sich und sprachen einer zum
andern ›Was Sache mag das sein, daß uns der Herr hie
gesammelt hat?‹ Da ging Johannes zu ihnen heraus
und sagte ihnen, daß ihre Fraue von dieser Welt sollte
scheiden, und sprach ›Lieben Brüder, sehet zu, daß
niemand über sie weine, so sie tot ist, auf daß das Volk

**36**  davon nicht verwirrt werde und spreche: sehet, sie fürchten selbst den Tod, die den Menschen die Auferstehung der Toten predigen‹. ...

Da nun die heilige Jungfrau die Apostel alle versammelt sah, da lobte sie Gott und setzte sich mitten unter sie bei brennenden Lichtern und Lampen. Nachts um die dritte Stunde kam Jesus mit dem himmlischen Heer der Engel und Patriarchen, der Märtyrer und Bekenner und Jungfrauen; die stunden alle um das Bett Marien und huben an gar süß zu singen. Welche Totenmesse sie da hielten, das lesen wir in dem vorgenannten Buch, welches Sanct Johannes soll geschrieben haben. Denn Jesus selbst hub an und sprach ›Ich bin gekommen meine Auserwählte, daß ich die Zierde meines Thrones an dich lege, denn der König begehrt nach deiner Schöne‹. Antwortete Maria ›Herr, mein Herze ist bereit, es ist bereit‹. Da sprach alles himmlische Heer mit süßem Getöne ›Das ist die, der Bette nie ward entreinet: darum soll sie die Frucht empfangen, davon die heiligen Seelen erquickt werden‹. Da sang Maria von ihr selber und sprach ›Mich sollen selig preisen alle Geschlechter, denn der die Macht hat, hat großes an mir getan und heilig ist sein Name‹. Da hub Christus an, ein Sänger aller Sänger herrlich vor den andern, und sprach ›Komme vom Libanon meine Braut, komme vom Libanon, komm zu mir, daß du gekrönt werdest‹. Sie antwortete ›Siehe ich komme, denn in dem Anfang des Buches ist von mir geschrieben, daß ich deinen Willen, mein Gott, soll erfüllen, und mein Geist freuet sich in dir dem Gotte meines Heils‹. Also schied Marien Seele aus dem Leib, ohn alle leibliche Pein oder Leiden, gleich wie sie ohne Makel war gewe-

sen in ihrem Leben; und flog in die Arme ihres Sohnes.
Da sprach der Herr zu den Zwölfboten ›Ihr sollet meiner Mutter Leichnam tragen in das Tal Josaphat, da findet ihr ein neu Grab, darein sollet ihr sie begraben, und sollet mein da warten, bis ich wieder zu euch komme in dreien Tagen‹. Alsbald waren um sie die roten Rosen, das sind die Chöre der Märtyrer; und die weißen Lilien, das sind die Scharen der Engel und Jungfrauen und Bekenner. Die Apostel riefen ihr nach und klagten ›O du allerweiseste Magd, wo gehst du hin? Gedenke unser, o Herrin‹. Über den Gesang der Aufsteigenden verwunderten sich die Engelchöre, die im Himmel waren geblieben, und zogen ihnen eilends entgegen. Da sie sahen, daß ihr König die Seele eines Weibes in seinen Armen trug und sie sich an ihn lehnte, verwunderten sie sich und huben an zu rufen ›Wer ist die, die da aufsteigt aus der Wüste, überflüssig an Wonnen, gestützt auf ihren Geliebten?‹ Da antworteten, die sie begleiteten, und sprachen ›Das ist die herrliche unter den Töchtern Jerusalem, als ihr sie habt gesehen voll Liebe und Andacht‹. Also ward sie mit Freuden gen Himmel geführt und zur Rechten des Sohnes gesetzt auf den Thron der Ehren. Die Apostel aber sahen ihre Seele also licht, daß keine Zunge es aussprechen mag. Es waren auch drei Jungfrauen daselbst, die entkleideten den heiligen Leib, daß sie ihn wüschen; da strahlte solcher Glanz von ihm, daß sie ihn wohl berühren mochten und waschen, aber sehen mochten sie ihn nicht; und der Glanz währte also lang, als sie den Leichnam wuschen. Darnach nahmen die Apostel den Leib mit großer Ehrfurcht und legten ihn auf eine Bahre. Und Johannes sprach zu Petro ›Du

Petre, sollst den Palmzweig vor der Bahre tragen, denn der Herr hat dich uns vorangetragen und zum Hirten seiner Schafe geordnet und zu einem Fürsten‹. Antwortete Sanct Peter ›Mich dünket billiger, daß du die Palme tragest, denn du bist jungfräulich von Gott auserwählt, und es ist ziemlich, daß eine Jungfrau die Palme der Jungfrau trage. Auch hast du an der Brust des Herrn geruht und daselbst mehr denn die andern alle von den Flüssen der Weisheit und Gnade getrunken. Darum so ist es billig, daß du der Jungfrau die meiste Ehre erweisest, der du von dem Herrn die meiste Gnade hast empfangen. Also trage du die Palme des Lichts zu dem heiligen Begängnis, der du mit dem Becher des Lichts von dem Quell der ewigen Klarheit hast getrunken. So will ich die Bahre tragen mit dem heiligen Leibe; so werden die anderen Brüder mit Lobgesang neben der Bahre gehen‹. Da sprach zu ihm Sanct Paulus ›So will ich mit dir tragen, der ich der niedrigste bin unter euch allen‹. Also huben Petrus und Paulus die Bahre auf, und Petrus hub an zu singen und sprach ›Exiit Israel de Aegypto, Alleluja‹ das ist gesprochen ›Israel zog aus Aegypten, Alleluja‹. Den Gesang vollbrachten die andern Zwölfboten gar süßiglich; der Herr aber hüllte sie in eine Wolke, daß man sie nicht sehen mochte, sondern allein ihre Stimmen hörte. Da waren auch die Engel da, die sangen mit den Aposteln und erfüllten alles Erdreich mit ihrem süßen Getöne. Da hörten die Menschen die süßen Melodien und kamen eilends aus der Stadt und forschten mit Fleiß, was das wäre. Sprach einer ›Das sind die Jünger Jesu, die tragen Marien tot zu Grabe und singen um sie die Gesänge, die ihr höret‹. Alsbald liefen die Juden zu

den Waffen und sprachen unter einander ›Kommet **39**
und laßt uns die Jünger alle töten und den Leib mit
Feuer verbrennen, der den Betrüger hat getragen‹. Und
da der Hohepriester das Wunder sah, erschrak er und
sprach in großem Zorn ›Das ist der Tempel des, der
uns und unser Volk verstöret hat, wie wird ihm jetzt
noch also große Ehre!‹ Mit den Worten legte er seine
Hand an die Bahre und wollte sie umwerfen und zu der
Erden ziehen. Da dorreten seine Hände beide und
blieben an der Bahre hangen, also daß er nicht von der
Bahre mochte kommen, und schrie in großen Schmerzen gar jämmerlich; das andre Volk aber ward von den
Engeln, die in den Wolken waren, mit Blindheit geschlagen. Da schrie der Hohepriester und sprach ›O
Sanct Peter, verschmähe mich nicht in dieser Pein,
sondern bitte deinen Herrn für mich. Gedenke daran,
daß ich dir einst beistund: da dich die Türmagd an-
sprach, da entschuldigte ich dich‹. Petrus antwortete
›Wir sind bekümmert mit unsrer Frauen Begräbnis und
können dieser Heilung jetzt nicht gedenken; doch
glaube an unsern Herrn Jesum Christum und an diese
seine Mutter, die ihn trug, so traue ich, daß du Gesundheit empfangest‹. Da antwortete der Hohepriester und
sprach ›Ich glaube, daß Jesus Christus ist der wahre
Gottes Sohn und diese seine heilige Mutter‹. Zustund
wurden seine Hände los von der Bahre; doch blieb die
Dürre in seinen Armen und der Schmerz wich nicht von
ihm. Da sprach zu ihm Petrus ›Küsse die Bahre und
sprich: Ich glaube an Jesum Christum, den diese in ihrem Leibe trug, und doch nach der Geburt Magd blieb‹.
Das tat der Hohepriester; da ward er alsbald gänzlich
gesund. Und Petrus sprach zu ihm ›Nimm diese Palme

**40**   aus der Hand unsres Bruders Johannes und tue sie über das erblindete Volk: so werden sie alle wieder sehend, so sie wollen glauben; wer aber nicht glaubt, der bleibt ewiglich blind‹. Also trugen die Apostel den Leib Mariae fürbaß und legten ihn in das Grab; und saßen dabei, als ihnen der Herr geboten hatte. Am dritten Tage kam Christus mit der Menge der Engel, und grüßte sie und sprach ›Friede sei mit euch‹. Sie antworteten ›Ehre sei dir Herr Gott, der du allein große Wunder wirkest‹. Und der Herr sprach zu den Aposteln ›Was Gnade und Ehre dünket euch, daß ich nun meiner Mutter soll tun?‹ Sie antworteten ›Herr, es bedünket deine Knechte, daß, gleichwie du den Tod besiegt hast und ewiglich regierest, du auch deiner Mutter Leib auferweckest und zu deiner Rechten setzest in Ewigkeit‹. Da nickte der Herr, und alsbald war der Erzengel Michael da und brachte Marien Seele vor den Herrn. Der sprach ›Steh auf du meine Nächste, meine Taube, du Tabernakel der Ehren, du Gefäß des Lebens und himmlischer Tempel: gleichwie du bei meiner Empfängnis durch fleischliche Sünde nicht bist befleckt worden, so sollst du auch im Grabe keine Verwesung des Leibes leiden‹. Alsbald fuhr Marien Seele in den Leib und stund herrlich auf aus dem Grab und fuhr auf gen Himmel, geleitet von der Menge der Engel. ...

... Wer mag das ausdenken, wie gar mit großer andäch-
tiger Begierde alles himmlische Heer ihr entgegen
ging, wie mit loblichem Gesang sie zu dem obersten
Throne ward geleitet, wie mit lieblichem, tröstlichem
Antlitz und freundlichem Umfahen sie von ihrem
Kinde ward empfangen und über alle Kreaturen ward
erhöht! Wir sollen glauben, daß an diesem heutigen
Tage das himmlische Heer der Mutter Gottes gar feierlich entgegenzog, und mit unendlichem Glanze sie
umgab, und mit Lobpreisen und geistigem Gesang sie
führte vor den Thron Gottes; daß das Heer des himmlischen Jerusalem in unaussprechlicher Freude froh-
lockte und ihr Lob und Dank sagte, froh der unsägli-
chen Liebe; und wird dieses Fest, das wir nur einmal
im Jahre feiern, dort oben ohn Unterlaß begangen. ...
Dies ist der Tag, da bis zu dem höchsten Thron die
unbefleckte Mutter und Jungfrau aufstieg und auf den
königlichen Stuhl nächst Christo zu den höchsten Ehren ward erhöht. ...
Nur Jesus Christus der Herr selbst konnte sie recht feiern; also machte er, daß sie von der Majestät selbst
immerfort Lob und Ehre empfängt, daß sie von den
Chören der Engel umdrängt, von den Scharen der Erzengel umringt, von dem Jubilieren der Throni umge-
ben ist; die Dominationes tanzen um sie, die Principatus folgen ihren Schritten, die Potestates klatschen ihr
Freude, die Virtutes umkreisen sie mit Ehren, die Cherubin stehen um sie mit Hymnensang, die Seraphin
loben sie mit unaussprechlichem Gesang. Die unaus-

sprechliche Dreieinigkeit selbst frohlockt in unaufhör-
licher Freude, und die Gnade, die sie ihr erweist, zieht
aller Blicke auf sie. Da kommt die leuchtende Schar der
Apostel und lobt sie mit unsäglichem Lobe, die Menge
der Märtyrer betet die Herrin an, das zahllose Heer der
Bekenner singt mit heiligem Gesang, die lichte Schar
der Jungfrauen führt herrliche Reigen zu ihrem Preis,
sogar die Hölle heult ihr wider ihren Willen und die
bösesten Teufel rufen ihr Lob. ...

Denn Jesu Fleisch ist Marien Fleisch, welches über die
Sterne ward erhöhet, zur Ehre aller menschlichen Natur, und sonderlich mütterlicher Natur. ...

Der Thron Gottes, das Gemach des Bräutigams, das
Haus des Herrn und Christi Tempel muß da sein, wo er
selbst ist. Diesen köstlichen Schatz muß der Himmel
bewahren und nicht die Erde. ...

*Es geht auch in diesem Kapitel nicht um Vollständigkeit, sondern nur darum, dem biblischen Bericht die Legenden hinzuzufügen, die dort nicht stehen, in der Frömmigkeitsgeschichte aber immer eine Rolle gespielt haben.*

## Der Stern von Bethlehem

Was dieser Stern gewesen sei, davon ist dreierhand Glauben, wie Remigius schreibt in seinem Originale: Etliche sprechen, es wäre der heilige Geist gewesen; der auch darnach bei der Taufe des Herrn erschien in einer Tauben Gestalt; also erschien er den Weisen in Gestalt eines Sterns. Andere, als Chrysostomus, sprechen, es sei der Engel gewesen, der auch den Hirten erschien; den Hirten, als Juden, erschien er in einer Gestalt, die ihnen verständlich war, den heidnischen Königen in der Form, die sie begreifen konnten. Die Dritten sprechen, und das wird die Wahrheit sein, es wäre ein Stern gewesen, der neu erschaffen ward, und da er seinen Dienst hatte getan, so kehrte er wieder zu seiner vorigen Materie. Auch war dieser Stern, wie Fulgentius spricht, von den andern unterschieden durch seinen Stand, denn er stund nicht an dem Firmament, wie die andern, sondern schwebte in dem Mittel der Luft, nahe über der Erde. Er war auch unterschieden durch sein Licht; denn er hatte klareren Schein als die andern Sterne, also daß er auch von der Sonne Schein nicht verdunkelt ward, sondern am Mittag leuchtete mit großer Klarheit. Er war auch unterschieden in seinem Lauf; denn er ging den Königen voran gleich einem Wanderer, und ward nicht im Kreis bewegt als die anderen Sterne, sondern ging vor sich, als ein lebend Wesen. Drei andere Sachen, dadurch dieser Stern von den anderen sich unterschied, liest man in der Glosse über Matthaeus 2, welche anhebt ›Haec stella dominicae nativitatis‹: Das war erstlich sein Ursprung, da die anderen Sterne erschaffen wurden im Anbeginn der Welt, dieser aber erst jetzund; das zweite war seine Bestimmung, denn die anderen Sterne sind gemacht, daß sie seien zu Zeichen und zu Zeiten, wie es im Buche Genesis heißt (Gen. 1,14), dieser aber war gemacht, daß er den Weisen den Weg zeige; das dritte war seine Dauer, denn die anderen Sterne sind ewiglich, dieser aber kehrte wieder in seine vorige Materie, nachdem er sein Amt hatte erfüllt.

Da die Könige aber den Stern sahen, wurden sie hocherfreut mit großer Freude. Hier merken wir fünferlei Sterne, die die Könige haben gesehen. Das erste war der wirkliche Stern, den sie im Morgenlande sahen. Das andre war ein geistlicher Stern, der Glauben, den sahen sie in ihrem Herzen; und hätte dieser Stern nicht in ihrem Herzen gestrahlt, so hätten sie den ersten nimmermehr gesehen; denn sie hatten Glauben zu Christi Menschheit, darum sprachen sie ›wo ist er geboren?‹; sie hatten Glauben zu seiner königlichen Würde, da sie sprachen ›der König der Juden‹; sie hatten Glauben zu seiner Gottheit, da sie sprachen ›wir sind gekommen, ihn anzubeten‹. Das dritte war ein geistiger Stern, das war der Engel, der ihnen im Schlafe

erschien und sie mahnte, daß sie nicht wieder zu Hero-
des kehrten. Doch schreibt eine Glosse, daß kein Engel, sondern der Herr selbst ihnen erschien. Das vierte
war ein menschlicher Stern: unsre liebe Frau, die sahen sie in der Hütte. Das fünfte war ein übernatürlicher
Stern, den sahen sie in der Krippe: Christus. Von diesen beiden letzten steht geschrieben ›und gingen in
das Haus und fanden das Kindlein mit Marien, seiner
Mutter‹. Diese fünf nennen wir mit Recht Sterne, denn
vom ersten spricht der Psalm ›Mond und Sterne, die
du gegründet‹ (Ps. 8,4); vom zweiten Ecclesiasticus
43,10 ›Der Schmuck des Himmels‹ das ist: des himmlischen Menschen ›ist die Klarheit der Sterne‹ das ist:
seiner Tugenden; vom dritten Baruch 3,34 ›Die Sterne
geben ihr Licht an ihrer Stätte und freuen sich‹; vom
vierten: ›Meerstern sei gegrüßet‹; vom fünften Apoca-
lypsis 22,16 ›Ich bin die Wurzel und der Stamm David,
der helle Stern, der Morgenstern‹. Von dem Schauen
des ersten und zweiten Sternes wurden die Könige
froh, von dem dritten wurden sie erfreut mit einer
Freude, von dem vierten wurden sie erfreut mit großer
Freude, von dem letzten wurden sie hocherfreut mit
großer Freude. Oder als die Glosse spricht ›Der freuet
sich mit Freude, der sich Gottes freuet, der die wahre Freude ist; es steht aber geschrieben: mit großer
Freude, weil nichts größer ist denn Gott, und: hoch mit
großer Freude, weil von großer Freude der eine mehr,
der andre minder mag erfreut werden‹. Oder es wollte
der Evangelist durch diese Häufung der Worte zu verstehen geben, daß sich die Menschen mehr über das
freuen, was sie verloren haben und wieder finden, als
über das, was sie immer besessen haben. ...

Unterdem lag der Kaiser Tiberius in einer schweren Krankheit; da ward ihm gesagt, daß zu Jerusalem ein Arzt sei, der vertriebe alles Siechtum durch sein bloßes Wort. Daß ihn aber Pilatus und die Juden getötet hatten, das war ihm nicht kund. Also sprach er zu Volusiano seinem heimlichen Diener ›Mache dich schnell auf und fahre über Meer und entbiete dem Pilatus, daß er mir den Arzt sende, der soll mir meine Gesundheit wiedergeben‹. Volusianus kam zu Pilato und sagte ihm die Botschaft des Kaisers. Da erschrak Pilatus, und bat, daß er ihm vierzehn Tage Frist lasse. In der Zeit geschah es, daß Volusianus eine Frau traf, die hieß Veronica und war Jesu gefreundet gewesen. Die fragte er, wo er Jesum Christum möge finden. Sie sprach ›Ach, das war mein Herr und mein Gott, der ward von Haß in die Hände Pilati gegeben, der hat ihn verdammt an das Kreuz in den Tod‹. Von dieser Rede erschrak Volusianus und sprach ›Ach wie bin ich nun so gar betrübt, daß ich das Gebot meines Herrn nicht mag erfüllen‹. Da sprach Veronica ›Als mein Herr durch die Welt ging predigen und ich seiner Gegenwart nicht mochte genießen alle Zeit, da wollte ich mir sein Bild lassen malen, daß ich davon Trost empfinge, wann er selber nicht gegenwärtig wäre. Da ich nun das Tuch zu dem Maler trug, daß er mir darauf das Bild male, begegnete mir mein Herr auf der Straßen und fragte mich, wohin ich ginge. Und da ich ihm die Sache meines Weges sagte, so hiesch er von mir das Tuch; und da er es mir wiedergab, hielt das Tuch das Bild seines Antlitzes. Dies Bild ist so kräftig, sähe es dein Herr mit Andacht

an, er würde ohne Zweifel gesund‹. Da sprach Volusianus ›Mag jemand dieses Bild mit Gold oder Silber auf-
wiegen?‹ Antwortete jene ›Nein, das Bild erzeigt seine
Kraft allein einem gläubigen und andächtigen Herzen.
Darum so will ich mit dir fahren und das Bild dem Kaiser zeigen und darnach wieder heimkehren in mein
Land‹. Also kam Volusianus mit Veronica gen Rom
zum Kaiser Tiberius und sprach zu ihm ›Jesum, den du
so lange begehrt hast, den hat Pilatus mit den Juden
wider das Recht aus Haß in den Tod verdammt an das
Kreuz. Doch ist mit mir gefahren diese Frau und brin-
get sein Bild: willst du das mit Andacht anschauen, so
giebt es dir Gesundheit deines Leibes‹. Da hieß der
Kaiser seidene Tücher ausbreiten und das Bild ihm
entgegen tragen; und alsbald er es angeschaut hatte,
ward er gesund.

Hienach ward Pontius Pilatus auf des Kaisers Gebot
gefangen und gen Rom geführt. Als der Kaiser vernahm, daß Pilatus gekommen sei, hieß er ihn in großem Zorne vor sich führen; Pilatus aber hatte den un-
genähten Rock Christi mit sich geführt, und trat darein
gekleidet vor den Kaiser. Alsbald der Kaiser ihn in dem
Rocke sah, da vergaß er seines Zornes, und stund gegen ihn auf und mochte ihm nichts Hartes erzeigen;
und so grimmig er in seiner Abwesenheit hatte getobt,
so mild und gütig war er in seiner Gegenwart. Alsbald
er ihm aber Urlaub hatte gegeben, entbrannte sein
Zorn von neuem; und schalt sich einen Toren, daß er
ihm seinen Zorn nicht hatte erzeiget. Er hieß ihn zustund wieder rufen, und schwur, er sei ein Sohn des
Todes und habe am längsten auf Erden gelebt. Als er
ihn aber wieder sah, grüßte er ihn alsbald freundlich

**50**  und war all sein Grimm verschwunden. Darob verwunderten sich alle, und er verwunderte sich selbst, daß er gegen Pilatum, so er nicht da wäre, voll Zorns sei, und so er vor ihm stünde, nichts Hartes wider ihn möchte sagen. Da geschah es von Gottes Verhängnis, oder weil etwan ein Christ es dem Kaiser hatte geraten, daß Tiberius dem Pilatus den Rock ließ ausziehen; alsbald war er wieder in seinem vorigen Zorn. Da er sich darob verwunderte, ward ihm gesagt, daß dies der Rock Christi sei. Er gebot, daß man Pilatum wieder ins Gefängnis lege, bis der Rat der Weisen beschlossen hätte, was mit ihm sollte geschehen. Also ward ein Urteil gegeben, das er des schimpflichsten Todes sollte sterben. Da dies Pilatus vernahm, da tötete er sich mit seinem eigenen Messer und endete also sein Leben. Als das der Kaiser hörte, sprach er ›Wahrlich, er hat den schimpflichsten Tod erlitten, den die eigene Hand umgebracht hat‹. Darnach ward sein Leichnam an einen großen Mühlstein gebunden, und ward also in den Tiber geworfen. ...

Longinus war ein Hauptmann, der stund mit anderen Kriegsknechten unter dem Kreuz, da unser Herr gekreuzigt ward. Auf des Pilatus Gebot durchstach er die Seite des Herrn mit seinem Speer; aber da er die Zeichen sah, die da geschahen, daß die Sonne ihren Schein verlor und die Erde erbebte, da glaubte er an Christum. Etliche schreiben, daß er sonderlich sei gläubig worden, da das Blut Christi, das an der Lanze herablief, von ungefähr seine Augen berührte, die von Krankheit oder Alter schwach waren, und ihm alsbald sein klares Gesicht wiedergab. Also sagte er aller Ritterschaft ab, und empfing von den Aposteln die Lehre des Glaubens. In der Stadt Caesarea im Lande Cappadocien lebte er achtundzwanzig Jahre gleich einem Mönche, und bekehrte viele Menschen mit seinem Wort und seinem guten Beispiel. Zuletzt ward er von dem Richter gefangen, und da er nicht opfern wollte, hieß ihm der Richter seine Zähne alle ausbrechen und seine Zunge abschneiden. Doch verlor Longinus die Sprache nicht, sondern nahm eine Axt und zerschlug alle Abgötter, daß sie in Stücke brachen und rief ›Nun sehen wir wohl, ob dieses Götter sind‹. Da fuhren die Teufel aus den Götterbildern in den Richter und seine Gesellen, daß sie von Sinnen kamen und bellend zu Longini Füßen krochen. Der aber sprach zu den Teufeln ›Warum wohnet ihr in den Bildern?‹ Sie antworteten ›Unsre Wohnung ist, da der Name Christi nicht genannt wird und da sein Kreuzeszeichen nicht ist‹. Da aber der Richter raste und sein Augenlicht verloren hatte, sprach zu ihm Longinus ›Wisse, du magst nicht gesund werden, du tötest mich denn; und alsbald ich durch dich gestorben bin, will ich Gott für dich bitten, und erwerbe dir Gesundheit Leibes und der Seelen‹. Da hieß ihn der Richter zustund enthaupten; darnach kam er mit großer Reue und Leid und warf sich vor seinem Leichnam mit Tränen nieder. Alsbald empfing er Gesundheit und Gesicht und endete sein Leben in guten Werken.

### Die Höllenfahrt Christi

*»Niedergefahren in das Reich der Toten«, oder »niedergefahren in die Hölle« heißt es im apostolischen Glaubensbekenntnis. Von dieser Höllenfahrt erwähnt das Neue Testament nichts, es macht allenfalls Andeutungen. Die Osterikone der orthodoxen Kirchen aber zeigt, wie Christus die Pforten der Hölle zerbricht und die dort Gefangenen befreit. Die Legende aurea erzählt:*

Was unser Herr in der Vorhölle wirkte, und wie er die Altväter daraus erlösete. Hievon schreibet das Evangelium nicht; doch sprechen davon etlichermaßen Sanct Augustinus in einer Predigt und Nicodemus in seinem Evangelium. Augustinus spricht

›Alsobald Christus gestorben war, so fuhr die Seele vereinbart mit der Gottheit in den Abgrund der Höllen. Da er nun nahete der Höllen mit einem furchtbaren lichten Schein, als ob er die Hölle wollte berauben ihrer Finsternis, und die bösen Höllenscharen ihn sahen, erschraken sie und huben an zu fragen ›Wer ist der Starke, der Furchtbare, der Lichte, Herrliche? Die Welt,

die uns untertan ist, hat uns nie einen solchen Toten
gesendet, sie hat der Hölle nie eine solche Gabe geschenkt. Wer ist, der also unerschrocken in unser Land
gehet, und nicht allein unsere Pein nicht fürchtet, er
löset auch unsere Gefangenen aus unsern Banden. Sehet, wie sie uns schmähen, weil das Heil kommen ist,
die zuvor unter unsrer Gewalt seufzten in schwerer
Pein: sie fürchten uns nimmer und drohen uns gar.
Niemalen ist solche Hoffart an den Toten gesehen
worden und solche Freude an den Gefangenen. Weh
und weh, wer hat uns diesen hergetragen? O Sathan
unser Fürst, all deine Freude ist verschwunden, all
deine Wonne ist in Betrübnis verkehret. Da du Christum hast an das Holz gehenket, da hast du nicht erkannt, wie großen Schaden du der Hölle hast getan‹.
Nach diesen grimmigen Rufen der Höllenknechte gebot unser Herr den Riegeln der Hölle, daß sie sich auf-
täten. Da brachen die eisernen Riegel und es kamen
herfür unzählige Völker der Heiligen, die fielen nieder
zu den Füßen des Herrn und riefen mit weinenden
Stimmen ›Bist du kommen, Heiland der Welt, wie haben wir dein so lange geharret, nun bist du um unsertwillen herab in die Hölle gefahren. Wir bitten dich, daß
du uns mit dir führest, so du wieder auffährst, und uns
nicht hinter dir lassest. Herr, fahre auf mit deinem
Raube, den du der Höllen hast genommen, wenn du
den Teufel mit seinen eigenen Banden hast gebunden.
Gieb der Welt Freude wieder, komm uns zu Hilf, verlö-
sche die grimme Pein; erbarme dich und erlöse die
Gefangenen, dieweil du hie bist, entbinde die Schuldi-
gen, und beschirme die Deinen, so du auffährst‹. Solches schreibet Sanct Augustinus.

**54** Nun lesen wir aber in dem Evangelium Nicodemi, daß Carinus und Leucius, des alten Simeon Söhne, mit Christo auferstunden, und dem Annas, Caiphas, Nicodemus, Joseph und Gamaliel erschienen; die beschwuren sie, daß sie ihnen sollten sagen, was Christus in der Hölle habe gewirket. Da erzählten sie und sprachen also:

›Wisset fürwahr, da wir in der Finsternis saßen mit unsern Altvordern, den Patriarchen, erschien ein güldener Glast und Schein der Sonnen und ein königlich Licht gleich dem Purpur über uns. Als das Adam sah, der Stammvater des Menschengeschlechts, freuete er sich und sprach ›Dies ist der Glanz des, der alles Licht hat geschaffen und der uns gelobet hat, sein ewig Licht zu senden‹. Und Isaias rief und sprach ›Dies ist das Licht des Vaters, Gottes Sohn, von dem ich geweissagt habe, da ich noch auf Erden ging: Das Volk, das im Finstern wandelte, sahe ein großes Licht‹. Hienach kam unser Vater Simeon und sprach mit großen Freuden ›Lobet den Herrn, denn ich habe Christum, das neugeborene Kindlein in meinen Armen empfangen im Tempel; und der Geist trieb mich, daß ich sprach: Nun haben meine Augen dein Heil gesehen, das du bereitet hast vor den Völkern, ein Licht zu erleuchten die Heiden und ein Ruhm deines Volkes Israel‹. Darnach kam einer gleich einem Einsiedler, den fragten wir, wer er wäre. Er sprach ›Ich bin Johannes, der Christum hat getaufet, und vor ihm ist gegangen, seinen Weg zu bereiten; ich wies auf ihn mit meinem Finger und sprach: Sehet, das ist das Lamm Gottes, das der Welt Sünde trägt. Und bin nun herab zu euch gestiegen, daß ich euch künde sein Kommen: denn es steht

nahe bevor‹. Da sprach Seth ›Als ich einst ging an die
Tür des Paradieses, und unsern Herrn bat, daß er mir
durch einen Engel sende das Öl der Barmherzigkeit,
daß ich den Leib meines Vaters Adam damit salbte;
denn er war siech; da erschien mir Michael der Erzengel und sprach: Laß dein Weinen und mühe dich nicht
um das Öl vom Baume des Mitleidens; das mag dir
nicht werden, es seien denn verflossen 5500 Jahre‹. Als
das die Patriarchen und Propheten hörten, waren sie
gar froh mit großem Schalle; Sathan aber, der Fürst
und Herr des Todes, sprach zu der Hölle ›Bereite dich,
daß du empfahest Jesum, der sich berühmt, er sei Gottes Sohn, so er doch ein Mensch ist, der den Tod hat
gefürchtet, da er sprach: Meine Seele ist betrübt bis in
den Tod. Er hat viele geheilt, die ich krumm hatte gemacht, und hat die Hinkenden aufgerichtet‹. Da antwortete die Hölle und sprach ›Wenn du so gewaltig
bist: wer ist dieser Jesus, der den Tod fürchtet und
doch deiner Gewalt widersteht? Er will dich betrügen,
so er spricht, daß er den Tod fürchte, und will dich damit fahen; so wirst du ewiglich Weh leiden‹. Antwortete Sathan ›Ich habe ihn versucht, und habe das Volk
wider ihn bewegt, ich habe den Speer gespitzt, Essig
und Gallen gemischt, und das Kreuz bereitet: der Tod
ist ihm gar nahe, ich will dir ihn bald bringen‹. Da
sprach die Hölle ›Ist er nicht der, der Lazarum erweckte, den ich gefangen hielt?‹ Sprach Sathan ›Ja, er
ist's‹. Da sprach die Hölle ›Ich beschwöre dich bei deinen und bei meinen Kräften, daß du ihn nicht zu mir
führest; denn da ich das Wort seines Gebotes hörte,
erzitterte ich also, daß ich Lazarum nicht mochte halten, sondern er schüttelte sich wie ein Adler und fuhr

**56**  von uns empor über alle Schnelligkeit‹. Da sie also sprachen, kam eine Stimme wie ein großer Donner und sprach ›Ihr Fürsten, schließet auf eure Pforten, tuet euch auf ihr ewigen Tore; denn der König der Ehren will eingehen‹. Da liefen die Teufel und beschlossen die ehernen Tore mit eisernen Riegeln. Und David sprach ›Das hab ich zuvor geweissagt: Sie mögen dem Herrn danksagen für seine Barmherzigkeit, daß er die ehernen Tore zerbricht und die eisernen Riegel‹. Da kam die Stimme zum andern Male und sprach ›Schließt auf eure Pforten, tuet euch auf ihr ewigen Tore‹. Als die Hölle sah, daß er zum andern Male rief, sprach sie, als wüßte sie es nicht ›Wer ist dieser König der Ehren?‹ Antwortete David ›Es ist der Herr stark und mächtig, der Herr mächtig im Streit, das ist der König der Ehren‹. Da kam der König der Ehren, und erleuchtete die ewige Finsternis. Und reckte seine Hand aus, nahm Adam bei seiner Rechten und sprach ›Friede sei mit dir und mit allen deinen Kindern, meinen Gerechten‹. Also stieg unser. Herr auf von der Hölle und alle Heiligen folgten ihm nach. Und führte Adam an seiner Hand und übergab ihn Michael dem Erzengel, der führte sie alle in das Paradies. Da kamen ihnen entgegen zwei hochbetagte Männer; und die Heiligen fragten ›Wer seid ihr, die ihr noch nicht gestorben seid, und nicht in der Hölle wohntet, sondern im Paradiese?‹ Antwortete der eine und sprach ›Ich bin Enoch, der hieher ward versetzet, und dieser ist Elias, der im feurigen Wagen gen Himmel fuhr; wir haben den Tod noch nicht gekostet, und sind aufbehalten bis auf die Zeit des Antichrist: wider den sollen wir fechten und von ihm erschlagen werden, und nach drei

Tagen und einem halben werden wir auffahren in den
Wolken‹. Unter diesen Worten siehe, so kam ein Mann
gegangen, der trug des Kreuzes Zeichen auf seiner
Schulter; sie fragten ihn, wer er wäre, und er sprach
›Ich bin der Schächer, der mit Christo gekreuzigt ward,
und an ihn glaubte und zu ihm sprach: Herr, gedenke
an mich, wenn du in dein Reich kommst; er aber antwortete: Wahrlich ich sage dir, heute noch wirst du mit
mir im Paradiese sein; und gab mir dieses Kreuzes Zeichen und sprach: damit gehe in das Paradies, und so
der Engel, der des Paradieses hütet, dich nicht will ein-
lassen, so weise ihm das Zeichen des Kreuzes und
sage ihm: Christus, der nun gekreuzigt ist, hat mich
gesendet. Also tat ich und der Engel schloß mir bald
auf und führte mich in das Paradies und hat mich gesetzt zur rechten Hand‹. ...

## Die Himmelfahrt

*Jacobus de Voragine interessiert nicht nur, daß Christus zum
Himmel fuhr, sondern das Wie, und er entfaltet dabei eine höchst
aufschlußreiche Kosmologie, die antike Überlieferung von den sieben Himmeln.*

Wie Christus gen Himmel fuhr. Da merken wir zum ersten, daß er auffuhr mit großer Gewalt, da er auffuhr
von seinen eigenen Kräften. Isaias 63 ›Wer ist der, so
da kommt von Edom, mit gefärbten Kleidern von
Bosra, der Schöne im Gewande, schreitend in der Fülle
seiner Kraft?‹ Und Johannes 3,13 ›Niemand fährt gen

**58**  Himmel‹ das ist: von seinen eigenen Kräften ›denn der
allein, der auch von dem Himmel herabkam, des Menschen Sohn, der im Himmel ist‹. Und wenn der Herr
auch auf einer Wolke stand, da er auffuhr, so tat er das
doch nicht, weil er der Hilfe der Wolke bedurfte, sondern allein um zu zeigen, daß alle Kreatur bereit ist
ihrem Schöpfer zu dienen. Denn er stieg auf durch die
eigene Kraft seiner Gottheit. Hierbei merken wir einen
Unterschied von Enoch und Elias, als wir in der Historia Scholastica lesen. Denn Enoch ward gen Himmel
entrückt und Elias hinaufgefahren: Jesus aber stieg
hinauf durch eigene Kraft. Der erste war, als Gregorius
spricht, fleischlich erzeugt und zeugte selbst; der andere ward auch erzeugt, zeugte aber nicht; der dritte
zeugte nicht und ward auch nicht erzeugt. Zum andern
fuhr er auf sichtbarlich, denn seine Jünger sahen es;
darum heißt es ›Er ward vor ihren Augen aufgehoben‹
(Act. 1,9). Und Johannis 16,5 ›Nun aber gehe ich hin zu
dem, der mich gesandt hat, und niemand unter euch
fraget mich: wo gehst du hin?‹ Dazu spricht die Glosse
›So offenbar wird er gehen, daß niemand fragen mag,
was er mit leiblichen Augen wird schauen‹. Er wollte
aber vor ihren Augen auffahren, damit sie selbst Zeugen seiner Auffahrt wären, und sich daran freueten,
daß menschliche Natur gen Himmel führe, und selber
Sehnsucht bekämen, ihm nachzufolgen. Zum dritten
fuhr er auf fröhlich, denn die Engel jubilierten; davon
heißt es im Psalm ›Gott ist aufgefahren in großem Jubel und der Herr mit Posaunenschall‹ (Ps. 46,6). Und
Augustinus spricht ›Da unser Herr auffuhr, ward aller
Himmel beweget, die Sterne verwunderten sich, die
himmlischen Heerscharen schlugen in die Hände, Po-

saunen schallten, und die fröhlichen Chöre der Engel
sangen süße Melodien‹. Zum vierten fuhr Christus auf
gar eilend. Davon heißt es im Psalm ›Er frohlockt wie
ein Riese, zu eilen den Weg mit großem Rennen‹ (Ps.
18,6). Schnell mußte die Auffahrt sein, weil ein unge-
heurer Raum gleichsam im Augenblick durchmessen
ward. Denn es schreibt Rabbi Moyses, der große Welt-
weise, daß jeder Kreis oder jeder Himmel eines Plane-
ten eine Länge hat von fünfhundert Jahren, das ist soviel Wegs, als einer auf ebener Erde gehen würde in
fünfhundert Jahren; desgleichen ist zwischen jeglichem Himmel, als er spricht, ein Weg von fünfhundert
Jahren; da nun sieben Himmel sind, so ist von der
Mitte der Erde bis zum letzten Rund des Himmels des
Saturn, welches der siebente Himmel ist, ein Raum
von siebentausend Jahren; und also ist bis zum letzten
Ende des Himmels überhaupt ein Raum von siebentausend und siebenhundert Jahren, das ist ein Weg,
den ein Mensch in siebentausend und siebenhundert
Jahren auf ebener Straße würde durchlaufen, wenn er
solange möchte leben; das Jahr dabei zu 365 Tagen gerechnet, und den Weg jedes Tages zu 40 Meilen, und
jede Meile zu 2000 Schritt oder Ellen. ...
Mit wem er auffuhr. Da merken wir, daß es die große
Beute der Menschen war, damit er auffuhr, und eine
große Schar der Engel. Daß er mit einer großen Beute
der Menschen auffuhr, lesen wir im Psalm, da es heißt
›Du bist aufgefahren zur Höhe und hast mit dir genommen die Menge der Gefangenen‹ (Ps. 67,19). Daß er
aber mit der Schar der Engel auffuhr, sehen wir aus
den Fragen, die bei Christi Himmelfahrt die niederen
Engel an die höheren taten, als wir bei Isaias lesen

im 63. Capitel ›Wer ist der, der da kommt von Edom mit gefärbten Kleidern von Bosra?‹ Dazu spricht die Glosse, daß etliche Engel nicht die ganze Erkenntnis des Mysteriums der Fleischwerdung, des Leidens und der Auferstehung hatten. Da sie nun Christum empor-steigen sahen zum Himmel mit der Menge der Engel und Heiligen aus eigener Kraft, da verwunderten sie sich ob dieses Mysteriums und sprachen zu den En-geln, die mit ihm waren ›Wer ist der, der da kommt im gefärbten Kleide?‹ Also heißt es auch im Psalter ›Wer ist dieser König der Ehren?‹ (Ps. 23,8). Dionysius aber im Buch der Angelica Hierarchia im 7. Capitel scheint zu meinen, daß bei Christi Auffahrt drei Fragen von den Engeln wurden getan. Die erste taten die höheren Engel unter einander; die zweite taten sie an Christum, der da auffuhr; die dritte taten die niederen Engel an die höheren. Die höheren sprachen unter einander ›Wer ist der, der da kommt von Edom mit gefärbten Kleidern von Bosra?‹ Edom aber ist gesprochen: blu-tig, und Bosra: befestigt; damit wollten sie gleich sa-gen ›Wer kommt aus der Welt, die von der Sünde mit Blut ist besudelt und mit Bosheit gegen Gott befe-stigt?‹ Oder ›Wer kommt aus der blutigen Welt und der befestigten Unterwelt?‹ Antwortete der Herr ›Ich bins, der da lehret Gerechtigkeit, und ein Schirmer ist des Heils‹. Dionysius schreibt es mit diesen Worten ›Ich bins, der da spricht Gerechtigkeit und heilsam Ge-richt‹. Denn in der Erlösung der Menschheit war Ge-rechtigkeit, da der Schöpfer das verlorene Geschöpf wieder zu sich brachte; es war auch Gericht darin, da er den Teufel, den Eindringling in fremdes Recht, von dem Menschen vertrieb, den er in Besitz hatte genom-

men. Hier tut Dionysius die Frage, warum die oberen
Engel, die doch Gott am nächsten sind und unmittelbar von ihm erleuchtet werden, einander fragen, als
wollten sie dies von einander erfahren? Aber er löst die
Frage selbst, und der Erklärer legt es aus: in dem, was
sie fragen, begehren sie ein Wissen; in dem aber, was
sie zuerst unter einander sprechen, zeigen sie, daß sie
der göttlichen Auffahrt nicht wollen vorlaufen; also gedenken sie zuerst unter einander sich zu befragen,
denn sie wollen der Erleuchtung, die von Gott kommt,
nicht durch voreiliges Fragen zuvorkommen. Die
zweite Frage tun die oberen Engel an Christum, da sie
sprechen ›Warum ist dein Gewand so rot, und dein
Kleid wie eines Keltertreters?‹ Das rote Kleid, davon
sie sprechen, das Christus trägt, das ist sein Leib, der
rot ist vom Blute; denn da er aufstieg, waren noch die
Wundmale an ihm. Er wollte diese Male an seinem
Leibe behalten um fünf Ursachen, als uns Beda
schreibt ›Der Herr trägt die Wundmale und behält sie
an sich bis zum jüngsten Gericht, daß er damit bewähre die Wahrheit der Auferstehung; daß er sie dem
Vater weise, wann er für die Menschen wird bitten; daß
die Guten es mögen erkennen durch welche Barmherzigkeit sie erlöst sind; daß die Bösen merken, wie gerecht sie sind geurteilt; daß er immerdar mit sich trage
die Zeichen seines ewigen Sieges‹. Auf die Frage antwortete der Herr ›Ich habe die Kelter allein getreten,
und war niemand aus den Völkern mit mir‹. Die Kelter
mag sein das Kreuz, daran als in einer Kelter sein Blut
ward aus ihm gedrückt. Oder die Kelter bedeutet den
Teufel, welcher das menschliche Geschlecht mit den
Stricken der Sünde also umwunden und geschnürt hat,

daß er alles Geistliche aus ihm hat ausgequetscht und allein die Schalen sind übrig blieben. Aber unser Streiter zertrat die Kelter, zerbrach die Fesseln der Sünder, stieg auf gen Himmel und tat auf die himmlische Wirtschaft, daß der Wein des heiligen Geistes herabfloß. Die dritte Frage taten die unteren Engel zu den oberen ›Wer ist dieser König der Ehren?‹ Und jene antworteten ›Der Herr der Heerscharen, das ist der König der Ehren‹. Von dieser Frage und der Antwort, die darauf geschah, spricht Augustinus ›Das unermeßliche Reich der Luft wird heilig durch das Heer seiner Begleiter, und die große Schar der bösen Geister, die sonst in den Lüften flattert, die flieht, da sie Christum sieht aufsteigen. Die Engel eilen entgegen und fragen, wer er sei, und sprechen ›Wer ist dieser König der Ehren?‹ Antworten andere ›Das ist der Weiße und Rote, das ist der, der keine Schöne hat und keine Zier; der schwach war am Kreuz und stark im Raub; gering in seinem armen Leib, gewappnet im Streit; häßlich im Tod, herrlich da er auferstund; weiß und rein von der Jungfrau geboren, rot am Kreuze; dunkel in seiner Schmach, strahlend im Himmelreich‹.

Um welches Verdienst Christus aufstieg. Davon sollen wir merken, daß es war dreifaltig, als St. Hieronymus spricht ›Um der Wahrheit willen, weil du das erfüllt hast, was du lange zuvor durch der Propheten Mund hast versprochen; um deine Sanftmütigkeit, denn du wurdest geopfert gleich einem Lamm für das Heil des Volkes; um der Gerechtigkeit willen, weil du nicht mit Gewalt, sondern mit Gerechtigkeit den Menschen erlöst hast; wunderbarlich wird deine Rechte dich führen, das ist, deine Kraft: zum Himmel empor‹ (Ps. 44,5).

Wohin er fuhr. Da sollen wir merken, daß er auffuhr über alle Himmel, wie geschrieben steht Epheser 4,10 ›Der hinuntergefahren ist, das ist derselbige, der aufgefahren ist über alle Himmel, auf daß er es alles erfülle‹. Über alle Himmel, heißt es; denn es sind mehrere Himmel, über die er alle ist aufgefahren. Es ist ein natürlicher Himmel, ein vernünftiger, ein geistiger und ein übersinnlicher. Der natürliche Himmel ist mannigfaltig, das ist der Lufthimmel, der Ätherhimmel, der olympische Himmel, der Feuerhimmel, der siderische, der cristallinische, der empyreische Himmel. Der vernünftige Himmel ist der gerechte Mensch, er heißt Himmel, weil Gott in ihm wohnt; denn wie der Himmel Gottes Wohnung ist, als Isaias spricht ›Der Himmel ist mein Thron‹ (Is. 66,1), so ist die Seele des Gerechten der Thron der Weisheit, als geschrieben ist in dem Buch der Weisheit. Auch um seinen heiligen Wandel wird der Gerechte der Himmel genannt; denn die Heiligen wohnen durch ihren guten Wandel und durch ihre Sehnsucht immer im Himmel; so spricht auch der Apostel ›Unser Wandel aber ist im Himmel‹ (Phil. 3,20). Der Gerechte heißt auch der Himmel um die Stetigkeit seines Wirkens; denn wie der Himmel immerdar bewegt wird, so sind auch die Heiligen allezeit bewegt durch ihre guten Werke. Der geistige Himmel, das sind die Engel. Sie heißen Himmel, weil sie hoch wie der Himmel sind in Würdigkeit und Hoheit. Von ihrer Würdigkeit und Hoheit spricht Dionysius in dem Buch von den göttlichen Namen im 4. Capitel ›Die göttlichen Geister sind über den anderen Geschöpfen allen, sie leben über allem Lebendigen, sie schauen und erkennen mehr Sehnsucht und Anteil am Guten und

Schönen denn alle anderen Wesen‹. Sie sind zum andern gar schön um ihrer Natur und Glorie willen. Von ihrer Schönheit schreibt Dionysius in demselben Buche ›Der Engel ist eine Offenbarung des geheimen Lichts, ein reiner, klarer, unberührter, unbefleckter, makelloser Spiegel, der die Schönheit der vollkommenen Gottesgestalt auffängt, wenn es erlaubt ist also zu sprechen‹. Zum dritten sind sie stark von Macht und Kraft. Von ihrer Kraft spricht Damascenus im 3. Capitel des 2. Buches ›Sie sind stark und bereit, Gottes Willen zu erfüllen, und sie sind alsbald da, so Gottes Wink es befiehlt‹. Also hat auch der Himmel Höhe, Schönheit und Kraft. Von der Höhe und Schönheit heißt es im Ecclesiasticus ›Das Firmament in der Höhe ist eine Zierde von ihm, die Gestalt des Himmels gar herrlich zu schauen‹ (Eccl. 43,1); von der Kraft spricht Job im 37. Capitel (18) ›Hast du etwan mit ihm die Himmel gebaut, die gar feste sind als wären sie gegossen von Erze?‹ Der übersinnliche Himmel aber ist die Gleichheit göttlicher Vollkommenheit, von der Christus kam, und zu der er wieder emporstieg. Von dem sagt der Psalm ›Vom höchsten Himmel ist sein Ausgang, und zum höchsten Himmel steigt er wieder empor‹ (Ps. 18,7). Also ist Christus über alle andern Himmel aufgefahren bis zu diesem übersinnlichen Himmel. Daß er aber über alle natürlichen Himmel stieg, davon spricht der Psalm ›Denn deine Herrlichkeit ist erhöhet über die Himmel‹ (Ps. 8,2). Er stieg über alle diese Himmel bis in den empyreischen Himmel, ungleich dem Elias, der im feurigen Wagen auffuhr bis zu dem Raum unter dem Mond, aber nicht darüber, und ward versetzt ins irdische Paradies, welches so hoch ist, daß es bis unter

den Mond reicht, aber nicht darüber. In diesem empyreischen Himmel nun thront Christus, der ist eine sonderliche Wohnung ihm und den Engeln und den anderen Heiligen. Und ist diese Wohnung ziemlich denen,
die darin wohnen. Denn dieser Himmel ist über allen
andern an Würdigkeit, Dauer, Lage und Umfang, und
darum ziemt er Christo zu einer Wohnung, als welcher
alle vernünftigen und geistigen Himmel an Würdigkeit, Ewigkeit, Unveränderlichkeit und Umfang seiner
Macht übertrifft. Also ist auch dieser Himmel den Heiligen gar ziemlich; denn er ist gleichförmig, unbeweglich, hell in vollkommenem Licht, fassend ohne Maß,
und ziemt gar wohl den Engeln und Heiligen, die da
gleichförmig waren in guten Werken, unveränderlich in
Liebe, leuchtend im Glauben, fassend des heiligen
Geistes Ausgießung. Daß er aber auch über alle vernünftigen Himmel, das ist über alle Heiligen, emporstieg, das ist gesagt im Hohen Liede ›Siehe er kommt
daher springend über die Berge und schreitend über
die Hügel‹ (Cant. 2,8). Die Berge das sind die Engel, die
Hügel aber die Heiligen. Daß er auch über die geistigen Himmel auffuhr, das sind die Engel, davon lesen
wir im Psalter ›Der du auf Wolken emporsteigst und
wandelst auf den Fittichen der Winde‹ (Ps. 103,3) und
›Er stieg auf über alle Cherubim, und flog auf den Flü-
geln der Winde‹ (Ps. 17,11). Daß er aber bis zum übersinnlichen Himmel emporstieg, das ist, bis zur Gleichheit mit Gott, das finden wir Marci am letzten ›Und der
Herr, nachdem er mit ihnen geredet hatte, ward er aufgehoben gen Himmel und sitzet zur Rechten Gottes‹.
Die rechte Hand Gottes aber ist die Gleichheit mit
Gott. Davon spricht Sanct Bernhard ›Meinem Herrn ist

**66**  von Gott gesagt und gegeben worden, zu sitzen zur Rechten des Ruhms, das ist in gleichen Ehren, gleichem Wesen, gleicher Geburt, gleicher Majestät, gleicher Ewigkeit‹. Man kann auch sagen, daß Christus bei seiner Auffahrt groß war durch vierfältige Herrlichkeit: durch Herrlichkeit des Orts, durch Herrlichkeit des Lohnes, durch Herrlichkeit der Erkenntnis, durch Herrlichkeit der Kraft. Von dem ersten heißt es Epheser 4,10 ›Der hinabstieg ist derselbe, der da hinaufstieg über alle Himmel‹. Vom zweiten Philipper 2,8 ›Er war gehorsam bis zum Tode, ja bis zum Tode am Kreuz‹. Dazu spricht Augustinus ›Die Demut ist ein Verdienst der Hoheit, und die Hoheit ist ein Lohn der Demut‹. Von dem dritten spricht der Psalm ›Er stieg auf über die Cherubim‹ das ist, über die Fülle alles Wissens. Bei dem vierten merken wir, daß er auch emporstieg über die Seraphim: Epheser 3,19 ›Auch erkennen die Liebe Christi, die alles Erkennen übersteigt‹. ...

Die Apostel Simon und Judas
Martha, die Drachenbezwingerin
Maria Magdalena
Santiago di Compostela
Der Evangelist Lukas
Der Evangelist Johannes
Der Evangelist Matthäus

*So wie Jesus als Dämonenbezwinger geschildert wird und seinen Jüngern verheißen hat, daß sie größere Dinge tun werden als er, schildert die Legenda aurea denn auch mächtige Wundertaten seiner Jüngerinnen, Jünger und Apostel. Sie kämpften gegen heidnische Gottheiten und Zauberer, bezwangen Drachen, erweckten von den Toten auf und heilten Krankheiten. Es geht demnach nicht allein darum, Menschen zum Glauben zu führen, sondern gegen alle Mächte zu streiten, die Menschen in ihrem Bann halten.*

## Die Apostel Simon und Judas

*Hier erfährt der Leser von einem Brief, den Jesus geschrieben haben, und einem Abdruck seines Gesichts, das von ihm erhalten gewesen sein soll.*

Simon Cananaeus und Judas, den man auch Thaddaeus heißt, waren Sanct Jacobi des Minderen Brüder, und waren geboren von der Maria des Cleophas, die dem Alphaeus vermählt war. Dieser Judas ward nach der Himmelfahrt des Herrn von Sanct Thomas zum König Abgarus von Edessa gesandt. Denn als wir in der Historia Ecclesiastica lesen, schrieb dieser König Abgarus unserm Herrn Jesu Christo einen Brief, der lautete also ›Abgarus der König, des Euchanias Sohn, entbietet Jesu, dem guten Heiland, der in dem Lande zu Jerusalem ist erschienen, seinen Gruß. Ich habe von dir hören sagen, wie du gesund machest ohne Arznei und Kräuter, wie du mit deinem Wort die Blinden sehend machest und die Lahmen gehend, die Aussätzigen rein und die Toten lebendig. Als ich solches alles vernahm, hab ich mir in mein Gemüte gesetzt, daß eins von zweien müsse sein: daß du entweder ein Gott seiest, vom Himmel kommen, oder daß du seiest Gottes Sohn, der solches wirket. Darum so schreibe ich dir und bitte dich, daß du mich würdigest her zu mir zu kommen, und hilfst meinem Siechtum, das ich lange Zeit habe gelitten. Auch hab ich vernommen, daß die Juden wider dich murren und dir nachstellen: darum komm zu mir, denn ich habe zwar nur eine kleine Stadt, aber sie ist ehrsam, und mag dir und mir genug sein‹. Auf diesen Brief antwortete der Herr Jesus hinwider ›Selig bist du, der du an mich glaubest und hast mich doch nicht gesehen. Denn es stehet von mir geschrieben, daß die, so mich nicht sehen, glauben werden, aber die, so mich sehen, werden nicht glauben. Daß du mir geschrieben hast, daß ich soll zu dir kommen, so wisse: ich muß hie alles das erfüllen, darum ich gesandt bin; und muß darnach wieder zu dem kehren, von dem ich gesandt bin. Aber so ich aufgefahren bin, will ich meiner Jünger einen zu dir senden, der soll dich heilen und lebendig machen‹. Das lesen wir in der Historia Ecclesiastica. Da nun Abgarus vernahm, daß er Christum leiblich nicht möchte sehen, da sandte er, als man in einer alten Historie findet, wie Johannes Damascenus bezeugt im vierten Buche, einen Maler zu Jesu, der sollte ihm ein Bild des Herrn malen, aufdaß er ihn doch im Bilde sähe, den er von Angesicht nicht möchte schauen. Aber da der Maler zu unserm Herrn kam, da ging also großer Glanz von seinem Angesicht, daß ihn der Maler nicht eigentlich mochte beschauen,

und mochte also das Bild nicht malen als ihm geboten
war. Als das der Herr sah, nahm er das linnene Gewand
des Malers, tat es über sein Angesicht und drückte sein
Bild darauf und sandte es dem König Abgarus, daß seiner Begierde ein Teil erfüllt werde. Wie aber dieses
Bild des Herrn war gestalt, das findet sich in der selben
alten Historie beschrieben, als derselbe Johannes Damascenus bezeugt: Er hatte schöne Augen, als daselbst geschrieben ist, und schöne Brauen, das Gesicht war schmal und sanft geneigt, welches ein Zeichen der Reife ist. Jener Brief des Herrn Jesu Christi
aber, sagt man, war von solcher Kraft, daß in der Stadt
Edessa kein Ketzer oder Heide leben mag, noch ein
Tyrann ihr Schaden tun. Und so einmal ein Volk mit
gewaffneter Hand wider diese Stadt zieht, so stellt
man ein Kind über das Stadttor, das liest den Brief:
desselbigen Tages fliehen die Feinde voll Schreckens
oder machen Frieden. Also soll es vor Zeiten gewesen
sein; darnach aber ward die Stadt von den Saracenen
genommen und entweiht, da wich die Gnade von der
Stadt, um ihrer vielen Sünden willen, die über alles
Morgenland waren kündig worden.

In der Historia Ecclesiastica aber lesen wir, daß nach
der Himmelfahrt des Herrn der Apostel Thomas den
Thaddaeus, der auch Judas genannt ist, zum König Abgarus sandte, als unser Herr ihm hatte gelobet. Und
kam zu ihm und sprach, daß er der Jünger Christi sei,
der ihm versprochen wäre. Da sah Abgarus ihn an und
sah in seinem Angesicht einen wunderlichen und
himmlischen Glanz. Da erschrak er und betete den
Herrn an und sprach ›Du bist wahrlich der Jünger Jesu,
des Sohnes Gottes, der mir gesagt hat: ich werde einen

von meinen Jüngern zu dir senden, der wird dich gesund machen und dir das Leben geben‹. Antwortete Thaddaeus ›Willst du an Gottes Sohn glauben, so wird alle Begierde deines Herzens erfüllt‹. Sprach Abgarus ›Ich glaube wahrlich, und hätte längst seinen Tod an den Juden gerochen, die ihn kreuzigten, so ich des Gewalt hätte, und das Ansehen der Römer es nicht hinderte‹. Abgarus aber war, als wir in etlichen Büchern lesen, aussätzig; da nahm Thaddaeus den Brief des Heilands und bestrich damit sein Angesicht: alsbald ward er gänzlich gesund. ...

## Martha, die Drachenbezwingerin

Martha, die Wirtin des Herrn, stammte aus königlichem Geschlecht, und hieß ihr Vater Syrus und ihre Mutter Eucharia. Der Vater war Herr von Syrien und viel andern Küstenlanden; Martha aber besaß zusammen mit ihrer Schwester als mütterlich Erbteil drei Städte: Magdalum, Bethanien und einen Teil der Stadt Jerusalem. Man findet nirgends, daß sie einen Mann habe gehabt, oder daß sie irgend Gemeinschaft mit Männern hatte. Sondern sie diente dem Herrn als eine edle Wirtin, und wollte, daß ihre Schwester ihm in derselben Weise diente; denn es bedeuchte sie, daß die ganze Welt nicht genug sei, einem solchen Gaste zu dienen. Als nach der Himmelfahrt des Herrn die Jünger durch die Welt wurden zerstreut, ward sie von den Ungläubigen mit ihrem Bruder Lazarus und ihrer Schwester Maria Magdalena, mit Sanct Maximinus, der sie hatte getauft und in des Hut sie von dem heiligen Geist waren befohlen, und mit vielen anderen in ein steuerlos Schiff gelegt und ohne Ruder und Segel und ohn jegliche Nahrung aufs Meer gestoßen. Doch kamen sie durch Gottes Fügung gen Massilia. Von da fuhren sie in das Land zu Aix und bekehrten daselbst das Volk zum Christenglauben. Sanct Martha aber war gar wohlredend und allen gar genehm.

Nun war zu der Zeit in einem Wald jenhalb des Flusses Rhodanus, zwischen Arles und Avignon, ein Drache, halb Tier, halb Fisch, der war dicker als ein Rind und länger als ein Pferd; seine Zähne waren wie Schwerter und spitz wie Hörner; und war gepanzert an allen seinen Seiten. Er lag in dem Flusse verborgen und tötete alle, die vorüberkamen, und versenkte die Schiffe. Und war über Meer ins Land gekommen, von Galatien in Asien, da hatte ihn Leviathan, das ist eine wilde Schlange, die im Wasser lebt, mit Onachus gezeugt, das ist ein Tier, so das Land Galatien hervorbringt: wann das verfolgt wird, so schleudert es seinen Unrat wie ein Wurfgeschoß einen Morgen weit hinter sich, und was davon getroffen wird, brennt wie Feuer. Wider den Drachen zog Sanct Martha, denn das Volk bat sie; sie fand ihn im Wald, wie er einen Menschen aß; alsbald goß sie geweihtes Wasser über ihn und hielt ihm ein Kreuz vor, da war er besiegt und stund als ein zahmes Lamm. Martha band ihn mit ihrem Gürtel, darnach kam das Volk und schlug ihn mit Steinen und Speeren tot. Den Drachen aber hatte das Volk Tarascus genannt, darum heißt das Land zu seinem Gedächtnis noch heutiges Tages Tarascon; vordem hieß es Nerluc, das ist: niger locus, eine schwarze Statt: weil daselbst dichte schwarze Wälder waren. Mit ihres Meisters Maximinus und ihrer Schwester Maria Magdalena Erlaubnis blieb Sanct Martha fortan an diesem Ort und lebte in Fasten und Gebet ohn Unterlaß. Es sammelte sich eine große Zahl Schwestern um sie, und es ward eine schöne Kirche in Sanct Marien der ewigen Jungfrau Ehre daselbst gebaut. Sie lebte ein hartes Leben, mied Fleisch und alles Fette, Eier, Käse und Wein, aß des Tages nur einmal und beugte hundertmal des Tags und alle Zeit der Nacht ihre Knie im Gebet.

Es geschah einst, da sie bei Avignon zwischen der Stadt und dem Rhonefluß predigte, daß ein Jüngling auf dem anderen Ufer sie zu hören begehrte; und da er kein Fahrzeug fand, zog er sich aus, sprang in den Fluß und hub an zu schwimmen; doch riß ihn die Gewalt der Strömung unversehens fort, daß er ertrank. Nach zwei Tagen fand man seinen Leichnam kaum mit großer Mühe und trug ihn vor Sanct Marthen, daß sie ihn erwecke. Da warf sie sich kreuzweis zu Boden und betete also ›Adonay Herr Jesu Christe, der du meinen Bruder Lazarus einst auferweckt hast, deinen Freund: sieh an den Glauben dieser Menschen, liebster Gast, und erwecke diesen Jüngling zum Leben‹. Damit faßte sie die Hand des Toten, der stund alsbald auf lebendig und empfing die heilige Taufe. ...

Der Tod ward Sanct Marthen ein Jahr zuvor vom Herrn kund getan, und sie lag das ganze Jahr in schwerem Fieber. Acht Tage vor ihrem Hingang hörte sie, wie die Engelchöre die Seele ihrer Schwester gen Himmel trugen. Da versammelte sie alsbald alle Brüder und Schwestern, und sprach zu ihnen ›Ihr meine lieben Gefährten und Zöglinge, freuet euch mit mir, denn ich

sehe, wie Engelscharen die Seele meiner Schwester
mit Frohlocken ins Land der Verheißung führen. O du
meine schöne und geliebte Schwester, nun wirst du
mit deinem Meister, meinem Gast, in der Wohnung
der Seligen sein‹. ...


## Maria Magdalena

*Wie ein Roman liest sich die Legende von Maria Magdalena,
jener Frau, die nach dem Johannesevangelium Jesus wahrschein-
lich am nächsten gestanden hat. In der Legende werden mehrere
Geschichten des Neuen Testaments – die von der großen Sünderin, die von der Schwester Marthas, die auch Maria hieß – auf sie
vereinigt, und so ist das Bild Maria Magdalenas zu einem farbigen Gesamtgemälde geworden.*

Maria Magdalena ist mit Beinamen genannt von der
Burg Magdalum. Sie war von gar edler Geburt, denn sie
stammte aus königlichem Geschlecht; ihr Vater hieß
Syrus und ihre Mutter Eucharia. Mit ihrem Bruder Lazarus und ihrer Schwester Martha besaß sie die Burg
Magdalum, die zwei Meilen ist von dem See Geneza-
reth, und das Dorf Bethanien, welches nahe bei Jerusalem ist, und auch einen großen Teil der Stadt Jerusalem. Doch teilten sie alles unter sich also, daß Maria
Magdalum besaß, davon ihr auch der Name ward; Lazarus den Teil von Jerusalem; Martha aber Bethanien.
Da nun Magdalena sich ganz der leiblichen Wollust
gab, Lazarus aber der Ritterschaft, so nahm Martha
sich des Gutes ihrer Geschwister an und regierte es mit

großer Weisheit, und sorgte für ihre Krieger und Knechte und für die Armen. Nach der Himmelfahrt des Herrn aber verkauften sie es alles und legten den Erlös zu der Apostel Füßen nieder. Da nun Magdalena überflüssig reich war, und die Wollust allezeit eine Gesellin ist des Reichtums, sah sie ihre Schönheit und ihren Reichtum an und gab sich gänzlich den leiblichen Wollüsten, also daß sie ihren eigenen Namen verlor und allein die Sünderin wurde genannt. Als aber Christus durch das Land predigte, kam sie von Gottes Fügung in das Haus Simons des Aussätzigen; denn sie hörte, daß Christus daselbst sollte essen. Aber sie wagte als eine Sünderin nicht unter die Gerechten zu sitzen, darum ging sie hinter dem Herrn zu, wusch seine Füße mit ihren Tränen, trocknete sie mit ihrem Haar und salbte sie mit köstlicher Salbe. Denn es war Gewohnheit in dem Lande, daß sich die Leute badeten und salbten, wegen der großen Hitze der Sonne. Da dachte Simon der Pharisäer bei sich ›Wäre dieser ein Prophet, er ließe sich nicht von der Sünderin anrühren‹. Aber der Herr strafte ihn um die Hoffart seiner Gerechtigkeit und vergab dem Weibe alle ihre Sünde.

Dies ist die Maria Magdalena, der der Herr so große Gnade hat getan und soviel Zeichen seiner Liebe hat gegeben. Er trieb sieben böse Geister aus ihr und entzündete sie ganz in seiner Minne, er nahm sie an zu seiner sonderlichen Freundin und machte sie zu seiner Wirtin und zu seiner Schaffnerin auf dem Wege. Er entschuldigte sie allezeit mit großer Liebe: wider den Pharisäer, der sie unrein hatte genannt; wider ihre Schwester, die sie tadelte um ihres Müßigganges; wider Judas, der sie eine Verschwenderin hieß. Sah er sie

weinen, so weinete er auch. Aus Liebe zu ihr erweckte
er ihren Bruder, der vier Tage im Grabe war gelegen;
und heilte ihre Schwester Martha vom Blutfluβ, daran
sie sieben Jahre hatte gelitten. Um ihretwillen würdigte er auch Martilla, ihrer Schwester Magd, daβ sie
ihre Stimme erhub und das selige süβe Wort sprach
›Selig ist der Leib, der dich getragen hat, und die Brüste, die du gesogen hast‹ (Luc. 11,27). Denn, als Ambrosius spricht, so war das blutflüssige Weib Martha,
und die Frau, die diese Worte sprach, ihre Dienerin.
Magdalena war auch das Weib, das die Füβe des Herrn
mit ihren Tränen wusch, mit ihren Haaren trocknete
und mit Salbe salbte; die in der Zeit der Gnade als
erste Buβe tat; die das beste Teil erwählte; die zu den
Füβen des Herrn sein Wort hörte, sein Haupt salbte;
die neben dem Kreuze stund beim Tode des Herrn; die
da Salbe bereitete, seinen Leichnam zu salben; die
sich nicht von dem Grabe kehrte, da die Jünger davon
gingen; der Christus bei seiner Auferstehung zuerst erschien; und die er machte zur Apostelin der Apostel.
Als unser Herr gen Himmel war gefahren, nach seinem
Leiden im 14. Jahre, als Stephanus schon längst von
den Juden gesteinigt war und die übrigen Jünger aus
Judaea waren vertrieben, zogen die Jünger in mancherlei Länder, das Wort Gottes auszusäen. Es war aber zu
der Zeit mit den Aposteln der selige Maximinus, einer
von den zweiundsiebenzig Jüngern des Herrn, in des
Hut hatte Sanct Peter Maria Magdalena empfohlen. Da
nun die Jünger zerstreut wurden, geschah es, daβ
Sanct Maximinus, Maria Magdalena, Lazarus ihr Bruder, Martha ihre Schwester samt ihrer treuen Dienerin
Martilla, und der selige Cedonius, welcher blind gebo-

ren, aber vom Herrn war geheilt worden, mit vielen anderen Christen zusammen von den Ungläubigen auf ein Schiff gesetzt und ohne Steuer ins Meer wurden hinausgestoßen, aufdaß sie allesamt untergingen. Aber durch Gottes Fügung geschah es, daß sie gen Massilien kamen. Doch fanden sie niemand, der sie herbergen wollte, und blieben unter der Vorhalle eines Heidentempels. Da nun Maria Magdalena sah, wie das Volk sich zu dem Tempel sammelte, den Abgöttern zu opfern, stund sie auf mit heiterem Angesicht und riet ihnen mit weislichen Worten von dem Dienst der Abgötter und predigte ihnen Christum mit großer Zuversicht. Da verwunderte sich alles Volk der Schönheit ihres Angesichts und der Süßigkeit ihrer Rede. Das war kein Wunder, daß der Mund, der den Füßen unsres Herrn so süße und innige Küsse hat gegeben, besser denn die andern das Wort Gottes mochte predigen. Hienach kam der Fürst des Landes mit seinem Weibe und wollte den Abgöttern sein Opfer bringen, daß sie ihn eines Kindes berieten. Dem predigte Magdalena auch Christenglauben und widerriet ihm das Opfer. Darnach über etliche Tage erschien Magdalena dem Weib des Fürsten im Gesicht und sprach ›Warum lasset ihr die Heiligen Gottes Hunger und Kälte leiden, so ihr selbst in großem Reichtum sitzet?‹ Und drohete ihr, so sie ihrem Manne nicht riete, den Heiligen zu helfen. Die Fürstin aber fürchtete sich, das Gesicht ihrem Manne zu sagen. In der nächsten Nacht erschien Magdalena ihr abermals, und wieder mochte die Frau es ihrem Manne nicht sagen. Also erschien sie ihnen zum dritten Mal in der Stille der Nacht allen beiden gar zornig mit feurigem Angesicht, daß es schien, als

brenne das ganze Haus, und sprach ›Schläfst du, Wüterich, Glied deines Vaters des Teufels, mit deiner Frau
der bösen Schlange, die dir meine Worte nicht wollte
künden? Ruhest du, Feind des Kreuzes Christi, nachdem du deinen Bauch mit mancherlei Speise gefüllt
hast, und lässest die Heiligen Gottes dürsten und
Hungers sterben? Da liegst du in deinem Palast, mit
seidenen Tüchern gedeckt, und siehest, wie jene ohne
Trost und Herberge sind, und kümmerst dich nicht
darum. Doch sollst du der Rache nicht entrinnen, du
Bösewicht, daß du also lange ihnen nichts Gutes hast
getan‹. Also sprach sie und verschwand. Da die Frau
erwachte, zitterte und erseufzte sie und sprach zu ihrem Manne, der auch um dieselbe Sache seufzte ›Ach
lieber Herr, hast du den Traum auch gesehen, den ich
sah?‹ ›Ja‹ sprach er ›und bin noch voll Wunder und
Grausen; aber was sollen wir tun?‹ Da sprach die Frau
›Es ist uns besser, daß wir ihr Gebot erfüllen, denn daß
wir den Zorn ihres Gottes auf uns laden‹. Also nahmen
sie die Heiligen zu Herberg auf und versahen sie mit
aller Notdurft.
Eines Tages, da Maria Magdalena predigte, sprach der
Fürst zu ihr ›Kannst du den Glauben bewähren, den du
predigest?‹ Sie antwortete ›Wol bin ich bereit, ihn zu
verteidigen und mit den täglichen Wundern und der
Predigt unsres Meisters Sanct Peter zu bewähren, der
zu Rom sitzt in großen Ehren‹. Da sprach der Fürst
samt seiner Frau ›Siehe, wir wollen deinen Worten in
allen Dingen gehorsam sein, wenn du uns bei dem
Gott, des Glauben du predigest, einen Sohn erwerben
magst‹. ›Daran soll es euch nicht gebrechen‹ sprach
Magdalena. Und betete für sie zum Herrn, daß er ihnen

einen Sohn verliehe. Der Herr erhörte ihre Bitte, und die Frau ward schwanger. ...

Maria Magdalena aber begehrte nach himmlischer Beschauung; und ging in die rauheste Wildnis. Da wohnte sie unerkannt dreißig Jahre an einer Statt, die ihr von Engelshänden war bereitet. An der Statt waren nicht Wasserbrunnen, noch Freude an Bäumen und Gras; daraus sollte erkannt werden, daß unser Herr sie nicht mit irdischer Nahrung wollte sättigen, sondern allein mit himmlischer Speise. An jeglichem Tag ward sie zu den sieben Gebetsstunden von Engeln auf in die Lüfte geführt, und hörte mit leiblichen Ohren den Gesang der himmlischen Heerscharen. So ward sie alle Tage mit dieser süßen Kost gespeiset und darnach von den Engeln wieder an ihre Stätte zurückgebracht, also daß sie keiner irdischen Nahrung bedurfte. Nun war ein Priester, der wollte auch ein Einsiedlerleben führen, und baute sich eine Zelle zwölf Meilen von dem Ort. Eines Tages aber tat Gott dem Priester die Augen auf, daß er mit leiblichen Augen klärlich sah, wie die Engel zu dem Ort herniederstiegen, da Maria Magdalena wohnte, und führten sie empor in die Lüfte, und trugen sie nach einer Stunde wieder herab mit göttlichem Lobgesang. Der Priester wollte die Wahrheit dieses wunderbaren Gesichts ergründen, befahl sich seinem Schöpfer im Gebet und eilte kühnlich mit großer Andacht dem Orte zu. Da er bis auf eines Steinwurfs Weite ihm war genahet, begannen ihm seine Gebeine zu schlottern und ward auch innen von großen Ängsten befallen. Er ging zurück, da hatte er den Gebrauch seiner Beine und Füße wieder; aber sowie er sich wieder vorwärts wandte und jenem Orte wollte nahen,

ward sein Leib unkräftig und sein Geist dumpf. Da
merkte der Mann Gottes, daß dies ohne Zweifel ein
himmlisches Geheimnis sei, zu dem menschliche Erkenntnis keinen Zugang habe. Also rief er den Namen
des Erlösers an und sprach ›Ich beschwöre dich bei
dem Herrn: bist du ein Mensch oder irgend ein ver-
nünftig Wesen, der du in dieser Höhle wohnest, so
gieb mir Antwort und sage mir in Wahrheit, wer du
bist‹. Als er das dreimal gerufen hatte, antwortete ihm
Maria Magdalena ›Komm näher, so sollst du über alles
die Wahrheit wissen, die dein Herz begehrt‹. Er ging
zitternd bis zu der Mitte des Raumes vor, da sprach sie
›Hast du gehört in dem Evangelio von Maria, der kün-
digen Sünderin, die des Herrn Füße mit ihren Tränen
wusch, mit ihren Haaren trocknete und Vergebung ihrer Sünden erwarb?‹ Sprach der Priester ›Ja sicherlich,
und es sind mehr denn dreißig Jahre vergangen, daß
die heilige Kirche solches glaubt und bekennt‹. Da
sprach sie ›Ich bin dasselbe Weib, und bin nun dreißig
Jahre hier, den Menschen unerkannt; und als dir gestern vergönnt war zu schauen, so werde ich jeden Tag
von den Engeln in die Lüfte getragen und darf des Tages sieben Mal der himmlischen Scharen Lobgesänge
mit leiblichen Ohren hören. Nun aber hat mir der Herr
kund getan, daß ich bald von dieser Welt soll scheiden;
darum gehe du hin zu Sanct Maximinus und sage ihm:
er solle auf den nächsten Ostertag, wann er zu der
Frühmesse aufsteht, allein in die Kirche gehn; so wird
er mich daselbst finden, von den Engeln geleitet‹.
Diese Worte vernahm der Priester als eines Engels
Stimme, aber er sah niemanden. Alsbald eilte er zu
Sanct Maximino und erzählte ihm alles der Ordnung

**82**   nach. Maximinus aber dankte dem Herrn mit großen
Freuden; und ging an dem Tag und um die Stunde, da
ihm geboten war, allein in die Kirche. Da sah er Maria
Magdalena im Chor der Engel stehn, die sie hatten
hergeführt. Sie war aber zwei Ellen hoch aufgehoben
von der Erde und stund in der Mitte der Engel, und
betete mit ausgebreiteten Händen zum Herrn. Da
Sanct Maximinus aber fürchtete, zu ihr heranzutreten,
sprach sie zu ihm gewendet ›Tritt näher heran, Vater,
und fliehe vor deiner Tochter nicht‹. Als er aber näher
herantrat, so liest man in Maximini eigenen Büchern,
da strahlte ihr Antlitz also sehr von dem immerwäh-
renden und täglichen Schauen der Engel, daß man
eher in die Sonne hätte sehen mögen, denn in ihr Angesicht. Da rief er den vorgenannten Priester herbei
und versammelte den ganzen Klerus, und also empfing Sanct Maria Magdalena aus des Bischofs Händen
mit vielen Tränen den Leib und das Blut des Herrn.
Darnach streckte sie sich mit ganzem Leib für die Stufen des Altars, und also fuhr ihre heilige Seele gen
Himmel. Als sie tot war, breitete ein solch süßer Duft
sich durch die ganze Kirche, daß er noch sieben Tage
lang von allen gespürt ward, die in die Kirche traten.
Den heiligen Leib bestattete Sanct Maximinus mit viel
köstlichen Wohlgerüchen und großen Ehren; und gebot, daß er selber nach seinem Tode neben ihr würde
bestattet. ...

*In unseren Tagen neu entdeckt und wieder begangen wird der große Jakobsweg, dessen Ziel Santiago di Compostela in Baskien ist. Im Mittelalter war die Wallfahrt dorthin eine wahre Volksbewegung: Pilger aus Deutschland, den Niederlanden, Belgien und Frankreich strömten dorthin. Wie die Leiche des Herrenbruders aus Jerusalem, wo er den Märtyrertod starb, dorthin gelangte, erzählt die Legende.*

Nun erzählt Johannes Beleth, der diese Überführung mit Fleiß beschrieben hat, daß nach Jacobi Enthauptung seine Jünger den Leichnam aus Furcht vor den Juden heimlich bei Nacht nahmen, und taten ihn auf ein Schiff und empfahlen die Bestattung ganz und gar Gottes Weisheit; und stiegen dazu und steuerten nicht, sondern der Engel des Herrn geleitete sie gen Galicien, daselbst landeten sie in dem Reiche der Lupa; denn es war in Hispanien eine Königin, also genannt mit Namen und von Verdienst ihres Lebens wegen; denn Lupa ist gesprochen eine Wölfin. Sie trugen den Leichnam aus dem Schiff und legten ihn auf einen großen Stein. Aber siehe, der Stein gab dem Leichnam nach wie Wachs und formte sich gar wunderbarlich zu einem Sarg. Die Jünger aber gingen hinein zur Königin und sprachen ›Unser Herr Jesus Christus sendet dir den Leichnam seines Jüngers, daß du ihn tot empfahest, den du lebendig nicht wolltest leiden‹. Und erzählten ihr das Wunder, wie sie ohne Steuer zu dem Lande seien geführt, und baten um einen würdigen Ort, den Leichnam zu bestatten. Als die Königin das vernahm, sandte sie die Jünger, als derselbe Meister

**84** Johannes Beleth schreibet, in großer Tücke zu einem gar grausamen Menschen, oder, wie andere sagen, zu dem König von Hispanien, daß sie seinen Rat in der Sache hören möchten; der ließ sie greifen und ins Gefängnis werfen. Aber dieweil er bei Tische saß, tat ihnen der Engel des Herrn des Kerkers Tür auf und hieß sie frei von hinnen gehen. Als das der König vernahm, sandte er alsbald seine Kriegsknechte hinter ihnen drein, sie zu fangen. Aber da die Kriegsknechte über eine Brücke kamen, brach die Brücke, und sie ertranken alle in dem Fluß. Da kam Reue über den König, und er fürchtete für sich und die Seinen. Darum sandte er Boten zu ihnen und bat sie, daß sie möchten umkehren, er wollte ihnen alles geben, was sie begehrten. Also kamen sie wieder zu ihm und bekehrten das Volk der Stadt zum Christenglauben. Da die Königin Lupa solches vernahm, betrübte sie sich sehr; und da die Jünger wieder zu ihr kamen und taten ihr des Königs Willen kund, sprach sie zu ihnen ›Gehet hin und nehmet von meinen Rindern, die ich auf jenem Berge habe, und schirret damit den Wagen, so mögt ihr den Leichnam eures Herrn herführen, und ihm die Stätte bereiten, die ihr wollt‹. Das sagte die Wölfin mit wölfischer Tücke, denn sie wußte wohl, daß diese Rinder ungezähmte wilde Stiere waren, und dachte nicht anders, denn daß diese Stiere sich nicht würden lassen fangen noch anschirren, oder wann es geschähe, so würden sie mit Hin- und Widerrennen den Wagen zerbrechen, den Leichnam herabwerfen und die Jünger töten. Aber es vermag keine Klugheit wider den Herrn. Denn siehe, die Jünger gingen ohne Wissen um des Weibes List den Berg hinan; da fanden sie einen Drachen, der spie Feuer und fuhr wider sie. Sie aber machten das Kreuzeszeichen, da barst ihm sein Leib mitten durch. Auch über den Stieren machten sie das Kreuz: da kamen sie herbei zahm wie die Lämmer; und die Jünger spannten sie an und legten den Leichnam mitsamt dem Stein, darauf er ruhte, auf den Wagen, und die Stiere zogen ihn von selbst ohn eines Menschen Führung mitten in den Palast der Lupa. Die erschrak, als sie das sah, und ward davon bekehrt und empfing Christenglauben. Und gab den Jüngern alles, was sie begehrten, weihete ihren Palast in Sanct Jacobi Kirche und begabte die Kirche gar köstlich; und beschloß ihr Leben in guten Werken. ...

## Der Evangelist Lukas

*Im Zusammenhang mit dem einzigen Evangelisten, der die Verkündigung an Maria und die Weihnachtsgeschichte überliefert, geht die Legenda aurea auch auf die geheimnisvollen Evangelistensymbole ein, die in zahlreichen Abbildungen erscheinen: Stier, Löwe, Mensch und Adler.*

Lucas ist geboren von dem Land Syrien, aus der Stadt Antiochia. Er war von Künsten ein Arzt; und war, als etliche sprechen, einer von den zweiundsiebenzig Jüngern des Herrn. Doch spricht Hieronymus fürwahr, daß er ein Jünger der Apostel sei gewesen, und nicht des Herrn; also spricht auch die Glosse zu Exodus 25, daß er dem Herrn nicht habe angehangen, da er predigte, sondern erst nach seiner Auferstehung zum Glauben sei gekommen; darum halten wir besser, daß er nicht war von den Zweiundsiebenzig, wenn auch etliche also haben gemeint. Sanct Lucas war so vollkommen in seinem Leben, daß er gar gerecht war in seinen Pflichten wider Gott, wider seinen Nächsten, wider sich selbst, und wider sein Amt. Zum Zeichen dieser vierfachen Weihe beschreibt man ihn mit vier Gesichtern: er trägt eines Menschen, eines Löwen, eines Ochsen, und eines Adlers Angesicht. Ezechiel am ersten ist von den vier Tieren geschrieben, daß ein jegliches hatte vier Angesichter und vier Flügel. Und damit wir dies besser mögen schauen, so denken wir uns ein jeglich Tier mit einem viereckichten Haupt, als ein viereckicht Holz; auf jeglicher Seite des Holzes denken wir uns ein Gesicht: vorn das eines Menschen, rechts das eines Löwen, links das eines Kalbes, hinten das eines Adlers. Da aber des Adlers Haupt über die andern hervorragt durch den langen Hals, den es hat, so spricht man auch, es sei darüber. Jedes dieser Tiere hat auch vier Flügel, denn da wir uns jegliches als ein Viereck denken, und das Viereck vier Ecken hat, so ist in jeglicher Ecke ein Flügel. Die vier Tiere aber bedeuten, als die heiligen Väter schreiben, die vier Evangelisten, deren jeglicher vier Angesichter hat in seinen Schriften, da er von der Menschheit, von dem Leiden, von der Auferstehung und von der Gottheit Christi schreibet. Doch so wird auch jeglichem ein einzeln Tier zugewiesen durch eine Art Verwandtschaft, als Hieronymus schreibet. Und wird Matthäus als ein Mensch gebildet, weil er sonderlich von der Menschheit Christi handelt; Lucas als ein Kälblein, da er sonderlich schreibt von Christi Priesterschaft; Marcus als ein Löwe, da er klärlich

schreibt von der Auferstehung: denn man spricht, daß **87**
die Jungen des Löwen bis zu dem dritten Tage liegen
gleich als wären sie tot, und werden am dritten Tage
erweckt von dem Gebrüll des Löwen; oder weil Marcus
anhebt mit dem Gebrüll der Predigt. Johannes wird gebildet als ein Adler, da er höher fliegt als die andern
alle, denn er von Christi Gottheit schreibet. Christus
aber auch, von dem sie alle schreiben, hatte jene vier
Angesichter alle an sich: er war ein Mensch von der
Jungfrau geboren; ein Kälblein in seinem Leiden; ein
Löwe in seiner Auferstehung; ein Adler in seiner Auffahrt. Die vier Angesichter, mit welchen Lucas und jeglicher andere Evangelist ist dargestellt, sollen bezeichnen, wie er recht geordnet war in vieler Weise. Das
Menschenangesicht bedeutet, daß er gerecht war wider seinen Nächsten, den er mit Vernunft lehren, mit
Milde an sich ziehen und mit Freiheit mußte hegen.
Denn der Mensch ist ein Geschöpf mit Vernunft, Mildigkeit und Freiheit. Das Adlerangesicht bedeutet, daß
er gerecht war wider Gott, dieweil das Auge des Geistes Gott ansah in Beschauung, der Schnabel der
Liebe wider Christum geschärft ward durch Betrachtung, und er alle Wirkung des Alters durch einen neuen
Wandel von ihm warf. Denn der Adler ist so scharfen
Auges, daß er das Sonnenrad mit unverwandtem Auge
mag anschauen, und von wunderbarlicher Höhe herab
die kleinsten Fische im Meere ersiehet; sein Schnabel
aber ist also gekrümmt, daß er ihn hindern möchte, so
er seine Speise sucht: darum wetzt er ihn an den Felsen und macht ihn also geschickt zu seiner Notdurft.
Ist er von der Glut der Sonne verbrannt, so stürzt er
sich mit großem Schwunge in einen Brunnen und wirft

alles Alter von sich; die Sonnenwärme aber nimmt seinen Augen alle Finsternis, und macht ihm seine Federn leicht. Durch das Löwenangesicht wird bezeichnet, daß er gerecht war wider sich selber, denn er hielt sich edel in tugendlichem Wandel; er war klug, indem er den Nachstellungen seiner Feinde entging; er war geduldig in Mitleid mit den Betrübten. Denn der Löwe ist ein edel Tier, da er ein König ist aller Tiere; und ist klug, da er seine Spuren mit seinem Schweife zerstöret, so er flieht, aufdaß man ihn nimmer finden mag; er ist auch geduldig, denn er leidet am viertägigen Fieber. Das Kalbs oder Ochsenangesicht bedeutet, daß er gar gerecht war zu seinem Amt: das war, daß er das Evangelium schrieb. Denn hiebei geht er gar langsam zu Werke, da er anhebt bei der Geburt des Vorläufers, und bei Christi Geburt und Kindheit, und also Schritt vor Schritt vorwärts gehet bis zum letzten Ende; er geht vor mit Umsicht und Unterscheidung, weil er nach zwei anderen Evangelisten schreibt, und das ergänzt, was sie weggelassen haben, und das ausläßt, was jene schon genugsam beschrieben haben. Er verweilt sonderlich bei dem Tempel und bei dem Opfer, welches am Anfang, in der Mitte und am Ende offenbar wird. Also gleicht er dem Ochsen; denn der ist ein langsam Tier, und sind seine Hufe gespalten, damit wird bezeichnet die Bescheidenheit der Opfernden. ...

Dieses Evangelium ward Sanct Lucas auch von der heiligen Jungfrau geoffenbaret. Denn sie bewahrte und bewegte alles in ihrem Herzen, als es geschrieben steht Lucas 2, aufdaß sie es später den Evangelisten kund tue: davon spricht die Glosse daselbst ›Alles, was sie vom Herrn wußte, oder von ihm getan und gesagt

sah, das behielt sie im Gedächtnis, aufdaß, wann die
Zeit des Predigens und Schreibens von Christi
Menschwerdung da sei, sie genugsam alles, wie es geschehen sei, denen möchte auslegen, die sie darum
würden fragen‹. Darum spricht auch Sanct Bernhard,
da er begründet, warum der Engel der heiligen Jungfrau die Empfängnis der Elisabeth kündete ›Es ward
Marien gekündet, daß Elisabeth empfangen hatte, aufdaß sie des Erlösers und seines Vorläufers Kommen
wisse, Zeit und Ordnung der Dinge sich merke, und
also hernach denen, die das Evangelium sollten
schreiben und predigen, die Wahrheit offenbare: denn
ihr war von Anfang an alles Geheimnis von Gott kund
getan‹. Man glaubt, daß die Evangelisten sie um viele
Dinge fragten, und daß sie ihnen Sicherheit gab; sonderlich glaubt man, daß Sanct Lucas zu ihr wie zu der
Arche des Testaments mit seinen Fragen kam und von
ihr viel Sicherheit empfing, zumal über die Dinge, die
ihr allein kund waren, als die Verkündigung durch den
Engel und Christi Geburt und dergleichen, davon allein Lucas handelt. ...

Da aber Johannes predigte durch das ganze Land Asia, machten die Götzenanbeter einen Aufstand unter dem Volk, und zogen Sanct Johannes in den Tempel der Diana, daß er dem Abgott sein Opfer gebe. Er aber tat ihnen einen Vorschlag und sprach ›Lasset uns beide unsre Götter anrufen; ihr sollt Diana bitten, daß sie die Kirche Christi zerstöre, und tut sie es, so will ich ihr opfern; ich aber will Christum bitten, daß er den Tempel der Diana zerstöre, und so er es tut, so sollt ihr an ihn glauben‹. Dies Urteil gefiel dem Volke zu allermeist, und gingen alle aus dem Tempel; und Johannes betete zu Gott, daß er seine Gewalt erzeige: da fiel der Tempel, und ward das Bild ihres Abgotts gar zerbrochen. Aber Aristodemus, der Oberpriester der Abgötter, machte einen großen Krieg unter dem Volk, daß ein Teil des Volkes sich zum Streite bereitete wider das andre Teil. Da sprach Sanct Johannes zu Aristodemo ›Ich will alles tun, was du willst, damit du deines Zornes vergessest‹. Aristodemus antwortete ›Ich will dir Gift zu trinken geben, bringt dir das keinen Schaden, so will ich glauben, daß dein Gott der wahre Gott ist‹. Sprach Johannes ›Tue, wie du gesagt hast‹. Antwortete Aristodemus ›Aber ich will auch, daß du andre Menschen von dem Tranke zuvor sehest sterben, damit du desto mehr verzagest‹. Und ging zum Landpfleger, und erbat sich zween Menschen, die zum Tode verurteilt waren, und gab ihnen vor allem Volk das Gift zu trinken. Da waren sie alsbald tot. Darnach nahm Sanct Johannes den Kelch und machte das Kreuz darüber, und trank das Gift alles aus; und es schadete ihm nichts. Da lobte das Volk Gott. Aristodemus aber sprach ›Noch zweifle ich; doch machst du diese Beiden lebendig, die von dem Gifte tot sind, so will ich ohn allen Zweifel glauben‹. Da gab ihm Sanct Johannes seinen Mantel. Sprach Aristodemus ›Warum giebst du mir deinen Rock?‹ ›Damit du nun deinen Unglauben lassest‹. ›Soll mich dein Rock gläubig machen?‹ Da sagte Johannes ›Geh und leg den Mantel auf die Leiber der Toten und sprich: der Apostel Christi hat mich her zu euch gesandt, daß ihr in Christi Namen auferstehet‹. Das tat Aristodemus: da erstunden die Toten. Also ward Aristodemus gläubig und der Landpfleger, mitsamt ihrem ganzen Hause. Johannes taufte sie im Namen Christi, und sie bauten eine Kirche dem Apostel zu Ehren. ...

### Der Evangelist Matthäus

Matthaeus der Apostel predigte in der Mohren Land; da kam er in eine Stadt, Vadaber genannt, daselbst fand er zween Zauberer, Zaroes und Arphaxat mit Namen, die betörten die Menschen mit ihrer Kunst also, daß es schien, als nähmen sie den Gebrauch der Glieder und die Gesundheit, wem sie wollten. Davon kamen sie zu solchem Übermut, daß sie sich von den Menschen als Götter ließen anbeten. Da nun Matthaeus in die Stadt kam und bei dem Kämmerer der Königin Candacis wohnte, welchen Philippus getauft hatte, deckte er die Gaukeleien der Zauberer auf und wandte alles zum Guten, was sie den Menschen Böses wollten tun.

Einst fragte der Kämmerer Sanct Matthaeum, wie das käme, daß er alle Zungen und Sprachen spräche und verstünde; antwortete ihm der Apostel: wie sie durch Ausgießung des heiligen Geists aller Sprachen Kenntnis hätten empfangen; und gleichwie die, so aus Hochfahrt einen Turm in den Himmel wollten bauen, durch Verwirrung der Sprachen von dem Baue hatten müssen lassen, also baueten die Apostel durch die Kunde aller Zungen einen Turm, nicht von Steinen, sondern von Tugenden, auf dem alle, welche glaubten, aufsteigen möchten gen Himmel. Unter diesen Worten kam einer und meldete, daß jene Zauberer mit zwei Drachen seien gekommen, die feurigen Schwefel aus Maul und Nase spieen und alle Menschen töteten. Der Apostel waffnete sich mit dem Zeichen des Kreuzes und ging ohne Furcht zu ihnen hinaus. Alsbald ihn die Drachen sahen, entschliefen sie zu seinen Füßen. Da sprach er zu den Zauberern ›Wo ist nun eure Kunst? Möget ihr, so erwecket diese Drachen. Doch wisset, wenn ich nicht Gott für euch gebeten hätte, so wäre das wol über euch gekommen, was ihr wider mich gedachtet zu tun‹. Da nun das Volk alles sich daselbst sammelte, gebot er den Drachen im Namen Jesu, daß sie von dannen gingen und niemandem ein Leid täten; das waren sie ihm gehorsam. Darnach hub er an und predigte dem Volk von den Freuden des irdischen Paradieses, und sprach, daß es sei höher denn der höchste Berg, und nahe dem Himmel: daselbst sind weder Dornen noch Disteln, da welken die Lilien und Rosen nimmermehr, da ist kein Alter, sondern die Menschen blieben immerdar jung, da klingen die Harfen der Engel, und jeglicher Vogel, den man rufet, kommt alsbald

herbei. Aus diesem irdischen Paradiese, sprach er,
ward der Mensch vertrieben; doch durch Christi Geburt ist er wieder gerufen worden in das himmlische Paradies. Da er noch also zu dem Volke sprach, siehe da entstund plötzlich ein Getümmel und ward ein Geschrei, daß des Königs Sohn gestorben sei. Die Zauberer vermochten nicht ihn zu erwecken, darum redeten sie dem König ein, er sei in der Götter Gesellschaft versetzt, und man müßte ihm einen Tempel bauen und ein Standbild aufrichten. Aber der Kämmerer ließ die Zauberer bewachen und rief den Apostel, der erweckte des Königs Sohn alsbald durch sein Gebet. Da das Egippus der König sah, sandte er aus in alle seine Lande und ließ den Leuten sagen ›Kommet und sehet den Gott, der in Menschengestalt erschienen ist‹. Da kamen sie mit goldenen Kronen und allerlei Opfer, und wollten ihm opfern. Das wehrte ihnen Matthaeus und sprach ›Ihr Männer, was tuet ihr? Ich bin kein Gott, sondern ein Diener meines Herrn Jesu Christi‹. Also bauten sie auf sein Gebot von dem Gold und Silber, das sie ihm hatten gebracht, eine schöne Kirche; die ward in dreißig Tagen vollendet. Darin saß der Apostel drei und dreißig Jahre und bekehrte alles Aegypten zum Christenglauben. Und der König Egippus ließ sich taufen mit seinem Weibe und mit allem seinem Volk. Ephigenia aber, die Tochter des Königs, weihte der Apostel dem Herrn und setzte sie über mehr denn zweihundert Jungfrauen. Nach des Königs Tode herrschte Hirtacus, der begehrte Ephigeniam zum Weibe und gelobte dem Apostel die Hälfte seines Reiches, wenn er sie überrede, daß sie sein Weib würde. Der Apostel entbot ihm, er solle am nächsten Sonn-

tage zur Kirche kommen, als seines Vorgängers Gewohnheit wäre gewesen, so würde er Ephigenia und
die Jungfrauen sehen, und hören, wie selig gute Ge-
mahlschaft sei. Der König schickte sich dazu mit großen Freuden, denn er meinte nicht anders, denn daß
der Apostel Ephigenien zu der Ehe wollte raten. Da
sprach Matthaeus lange Zeit vor den Jungfrauen und
vor allem Volk, wie gut die Ehe wäre, und ward darob
von dem König sehr gelobt; denn er wähnte, er sage
dies, daß er der Jungfrau Lust mache zu der Ehe. Darnach ward wieder Stille geboten, und der Apostel
sprach fürder ›Da nun die Ehe also edel ist, so sie vor
aller Unreinigkeit bewahrt bleibt, so wißt ihr alle wohl,
die ihr hie steht: welcher Knecht es wagen würde, des
Königs Braut zu rauben, der hätte nicht nur des Königs
Zorn, sondern den Tod verdient: nicht, weil er ein Weib
nähme, sondern weil er seines Herrn Ehe bräche. Also
ist auch dir König, da du weißt, daß Ephigenia des ewigen Königs Gemahl ist und mit dem heiligen Schleier
ist geweiht; wie möchtest du dem die Braut rauben,
der gewaltiger ist denn du, und willst sie zu deinem
Weibe machen?‹ Als der König das hörte, geriet er vor
Zorn außer sich und schied in großem Grimm aus der
Kirche. Der Apostel aber blieb fest und unerschrocken,
ermahnte das Volk zur Geduld und Standhaftigkeit,
und segnete Ephigenia, die sich voll Furcht vor ihm
hatte nieder geworfen, und die übrigen Jungfrauen. Als
die Messe gefeiert war, sandte der König den Henker,
der schlug Sanct Matthaeum, da er vor dem Altar
stund und mit ausgebreiteten Händen betete, von hin-
terwärts mit dem Schwerte; und also erfüllte er seine
Marter. Als das ruchbar ward, zog das Volk mit Unge-

stüm vor des Königs Palast und wollte alles verbrennen. Dem widerstunden die Priester und Diacone; und
brachten das Volk dahin, daß sie mit ihnen das Martyrium des Apostels gar seliglich begingen. Der König
aber sandte zu Ephigenien zu dem ersten Frauen und
darnach Zauberer, aber er mochte ihren Willen in keiner Weise bewegen. Da ließ er zuletzt ein gewaltiges
Feuer um ihr Haus legen, daß er sie mit den übrigen
Jungfrauen verbrenne. Da erschien ihnen aber der
Apostel und schlug das Feuer alles von dem Haus, daß
es ausbrach und auf des Königs Palast fiel. Der ward
von dem Feuer gänzlich zerstört, nur der König allein
entrann mit Mühe mit seinem einigen Sohn. In den
Sohn aber fuhr alsbald der Teufel, daß er zum Grabe
des Apostels mußte laufen, und bekannte öffentlich
seines Vaters Missetat. Der König aber ward von greulichem Aussatz befallen, und da er nicht mochte geheilt werden, tötete er sich selbst mit dem Schwert.
Darnach wählte das Volk den Bruder der Ephigenia
zum König, der von dem Apostel war getauft worden,
der herrschte siebenzig Jahre und setzte seinen Sohn
zu seinem Nachfolger. Der mehrte den Christenglauben gar sehr und bauete Christenkirchen über das
ganze Land Aethiopia. ...

Agatha und das Erdbeben
Lucia, die Unerschütterliche
Agnes und das Gewand aus Licht
Cäcilia, der Duft von Rosen und Lilien
Juliana bindet den Teufel
Katharina bringt den Kaiser zur Verzweiflung
Margareta überwindet den Drachen
Ursula und die elftausend Jungfrauen

Unüberbietbar ist die Dramatik der Legenden von den Jungfrauen. In ihnen spiegelt sich die Zeit der Christenverfolgungen im 2. und 3. Jahrhundert. Angesichts der Grausamkeit der Martern, denen sich diese jungen Mädchen freiwillig aussetzten und die in aller Ausführlichkeit geschildert werden, ist es für den heutigen Leser, insbesondere die Leserin, schwer, den geistigen Gehalt dieser Legenden wahrzunehmen: die glühende Liebe dieser Mädchen zu ihrem himmlischen Bräutigam Christus, der gegenüber alles andere verblaßt, und ihr geistiger Mut, es um der himmlischen Liebe willen mit den Mächtigen ihrer Zeit aufzunehmen.

Die Weigerung der Mädchen, einen Mann zu heiraten, spiegelt allerdings wohl auch die wenig beneidenswerte Rolle, die eine Ehefrau zu damaliger Zeit erwartete. Diese Legenden belegen, was auch die Forschung in den letzten Jahren herausgearbeitet hat, daß die Ausbreitung des Christentums nicht denkbar gewesen wäre ohne die Frauen. Anfänglich war das Christentum regelrecht eine Jugendbewegung, ein Widerstand gegen die etablierten Ordnungen, dem sich offenbar gerade auch die Jugend aus den besseren Kreisen angeschlossen hat. Junge Mädchen verweigerten sich der Eheschließung, junge Männer zogen das Leben eines Asketen in der Wüste den Verpflichtungen vor, die sie als Erben ihres Vaters erwarteten.

Agatha die Jungfrau war edel von Geschlecht und schön von Angesicht und wohnte in der Stadt Catania; und ehrte Gott in großer Heiligkeit. Aber Quintianus der Landpfleger von Sicilien war unedel von Geburt, wollüstig, habgierig und ein Heide; der wollte die edle Magd in seine Gunst zwingen: ihr Adel sollte seinen geringen Stand erhöhen, ihre Schönheit sollte seiner Wollust dienen, ihre Schätze wollte er rauben um seiner Habgier willen; und da er ein Götzenanbeter war, wollte er sie zu der Götter Opfer zwingen. Er ließ sie vor sich führen, und da er ihren Willen unwandelbar sah, übergab er sie einer Kupplerin, Aphrodisia mit Namen, und ihren neun Töchtern, die alle in Sünde lebten. Die suchten dreißig Tage lang ihren Willen zu verkehren und wollten sie bald mit süßen Worten bald mit Drohungen von ihrem guten Vorsatz bringen; sie aber sprach ›Mein Mut ist auf einen starken Fels gegründet und in Christo gefestet: eure Worte sind mir wie ein Wind, eure Versprechungen sind wie ein Regen, euer Drohen wie ein hinfließend Wasser; und wieviel ich angefochten werde, so mag ich doch nicht fallen, denn der Grund meines Hauses steht gar fest‹. Mit diesen Worten antwortete sie ihnen alle Tage, und weinte und betete, und sehnte sich nach der Märtyrer Palme. Da nun Aphrodisia sah, daß die Magd in ihrem Vorsatz beharrte, sprach sie zu Quintiano ›Viel leichter möchtest du Steine erweichen und Eisen so weich wie Blei machen, als diese Jungfrau von Christo bringen‹. Da ließ Quintianus sie vor sich führen und sprach zu ihr ›Wes Geschlechtes bist du?‹ Sie antwortete ›Ich bin nicht allein frei geboren, sondern von edlem Geschlecht, wie alle meine Verwandtschaft bezeuget‹. Sprach Quintianus ›Wenn du frei und edel bist, warum hältst du dich dann nach Knechtssitten?‹ Sie antwortete ›Weil ich eine Magd Christi bin, darum bin ich von Knechtssitten‹. Sprach Quintianus ›Wie willst du eine Magd sein, so du frei bist?‹ Sie antwortete ›Die höchste Freiheit erzeigt sich in der Knechtschaft Christi‹. Sprach Quintianus ›Wähle zwischen zwei Dingen: opfere den Göttern, oder du mußt mannigerhand Marter leiden‹. Sprach Sanct Agatha ›Möge dein Weib sein wie deine Göttin Venus und du selbst wie dein Gott Jupiter‹. Da ließ Quintianus ihr Backenstreiche geben und sprach ›Du sollst deinen Richter nicht schelten und mit frechem Geschwätz mühen‹. Agatha antwortete ›Ich wundere mich, wie du als ein weiser Mann in solche Torheit magst fallen, daß du die Götter nennest, welcher Leben weder du noch dein Weib möchtest führen; also daß du sprichst, daß ich dich schelte, so ich dich ihnen gleiche. Sind deine Götter gut, so habe ich dir Gutes gewünscht; wenn du aber ihre Gemeinschaft verfluchst, so sind wir eines Sinnes‹. Sprach Quintianus ›Was soll der ungestüme Fluß deiner Rede? Opfre den Göttern oder ich töte dich mit schwerer Pein‹. Antwortete Agatha ›Lässest du wilde Tiere auf mich: so werden sie zahm, wenn sie den Namen Christi hören; drohest du mir Feuer: so werden die Engel mir helfen mit himmlischem Tau; willst du mich schlagen und mir andre Marter tun: des heiligen Geistes Macht läßt mich das alles für nichts achten‹. Da gebot er, daß man sie ins Gefängnis führe, denn sie machte ihn mit ihren Reden vor dem Volke zum Spott.

Aber sie ging fröhlich in den Kerker, als sei sie zu einem Mahle geladen, und empfahl ihren Streit Gott dem Herrn. Des anderen Tages sprach zu ihr der Richter ›Schwöre Christum ab und bete die Götter an‹. Das wollte sie nicht tun; da ließ er sie aufhängen in der Folter und martern. Sprach Agatha ›Ich hab in dieser Pein so große Wollust und Freude, als einer, der eine gute Botschaft hört; oder als einer, der einen Freund erschaut, den er lange hat ersehnt; oder als einer, der einen großen Schatz hat gefunden. Denn der Weizen kann nicht in die Scheuer kommen, wenn die Hülse nicht kräftig gewalkt ist und zu Spreu ist worden: also kann meine Seele nicht ins Paradies eingehen mit der Marterpalme, wenn du meinen Leib nicht recht von den Henkern lässest zernichten‹. Da ward Quintianus zornig und hieß ihr die Brüste peinigen und nach langer Pein abschneiden. Sprach Sanct Agatha ›Du greulicher, gottloser Wüterich, schämst du dich nicht, daß du an einem Weibe lässest abschneiden, was du selber an deiner Mutter gesogen hast? Aber wisse, daß ich noch ganze Brüste habe in meiner Seele, daraus ich alle meine Sinne speise, die ich von Jugend auf Gott habe geweiht‹. Da hieß er sie wieder in den Kerker führen, und gebot, daß kein Arzt zu ihr dürfe eingehen, noch dürfe ihr jemand Wasser reichen oder Brot. Aber siehe, um Mitternacht kam zu ihr ein alter Mann, der war beladen mit mannigerhand Arznei, dem trug ein Kindlein ein Licht vor. Und der Greis sprach zu ihr ›Der Richter hat dir schwere Marter angetan, aber du hast ihn noch mehr gepeinigt mit deinen Antworten. Er hat dir die Brüste lassen abschneiden, doch sein Brüsten soll auch in Bitterkeit verkehrt werden. Aber ich war

dabei, wie du littest, und sah, daß deine Brüste mögen geheilt werden‹. Antwortete Sanct Agatha ›Ich
brauchte nie leiblicher Heilmittel, und es wäre ein
Schimpf, zu lassen, was man so lange hat gehalten‹.
Sprach zu ihr der Greis ›Tochter, du sollst dich nicht
vor mir schämen, denn ich bin ein Christ‹. Antwortete
Agatha ›Warum sollte ich mich schämen, da du ein
Greis bist und hochbejahrt, und ich so gar zerzerret bin
und übel gehandelt an meinem Leib, daß niemand
Lust daran möchte gewinnen. Doch danke ich dir,
mein Vater, daß du zu mir gekommen bist und deine
Sorge zu mir hast gewendet‹. Sprach der Alte ›Warum
willst du nicht, daß ich dich gesund mache?‹ Sie antwortete ›Ich habe meinen Herrn Jesum Christum, der
alle Kreaturen mit einem Worte gesund machet und
mit seiner Rede alles erneuet: will der, so mag er mich
zustund gesund machen‹. Da lächelte der Greis und
sprach ›Ich bin deines Herrn Apostel, er hat mich selber zu dir gesandt; davon so wisse, daß du in seinem
Namen bist gesund worden‹. Damit war Sanct Peter
verschwunden. Da fiel Sanct Agatha nieder und dankte
unserm Herrn; und empfand sich gesund allenthalben, und stunden die Brüste wieder an ihrem Leib.
Nun waren die Wächter geflohen, da sie das helle Licht
sahen, und hatten die Tür des Kerkers offen gelassen;
da kamen etliche und baten sie, daß sie entfliehe. ›Das
sei ferne‹ sprach sie, ›daß ich fliehe und die Krone meines Leidens verliere, und meine Wächter bringe in Not
und Pein‹. Darnach über vier Tage sprach zu ihr Quintianus, sie solle den Abgöttern opfern, oder sie müßte
noch größere Pein leiden. Agatha antwortete ›Deine
Worte sind eitel und ohne Sinn, sie verpesten die Luft

und sind böse. Du armer Mensch an Sinnen und Gedanken, heißest du mich den Herrn des Himmels verleugnen, der mich geheilt hat, und willst, daß ich tote Steine anbete?‹ Sprach Quintianus ›Wer hat dich geheilet?‹ Sie antwortete ›Christus, Gottes Sohn‹. Sprach Quintianus ›Nennest du mir den, des Namen ich nicht will hören?‹ Agatha sprach ›So lange ich das Leben habe, will ich Christum mit Herzen und mit Lippen preisen‹. Da sprach der Richter ›Nun will ich besehen, ob dich Christus möge gesund machen‹. Und ließ glühende Kohlen bereiten und darauf spitze Scherben werfen, und hieß die Jungfrau bloßen Leibes darauf wälzen. Als sie das taten, siehe, da geschah ein großes Erdbeben, das erschütterte die Stadt also, daß ein Teil niederfiel und zwei Ratsherren des Quintianus erschlug. Da lief das Volk zu Hauf und schrie vor dem Richter, dies Leiden komme über sie um der unschuldigen Pein willen, die er Sanct Agatha antäte. Da fürchtete Quintianus das Erdbeben und den Aufstand des Volkes und ließ Agatha wieder ins Gefängnis führen. Da kniete sie nieder und betete ›Herr Jesu Christe, du hast mich erschaffen und mich von Kind auf behütet, du hast meinen Leib in Reinigkeit behalten und hast die Liebe zur Welt von mir genommen, du hast mir Kraft und Geduld gegeben, daß ich alle Marter hab überwunden: so nimm nun meinen Geist auf und laß mich zu deiner Barmherzigkeit eingehen‹. Nach diesem Gebet gab sie ihren Geist gen Himmel mit lautem Rufen. Das geschah nach der Geburt unsres Herrn um das Jahr 253, da Decius Kaiser war.

Als aber die Christen ihren Leib mit Wohlgerüchen begruben und ihn in die Gruft legten, siehe da kam ein

Jüngling in seidenem Gewand mit mehr denn hundert
schönen, wohlgezierten Männern in weißen Kleidern,
die man noch niemals daselbst hatte gesehen; der
ging zu dem Leichnam und setzte eine Marmortafel zu
seinen Häupten, und war alsbald verschwunden. Auf
der Tafel aber stund geschrieben ›Heilig der Geist und
willig, Gott die Ehre, Rettung dem Land‹. Das will
sagen: Sie war heilig im Geist, willig bot sie sich zur
Marter, Gott gab sie die Ehre, und errettete ihr Land.
Von diesem großen Zeichen huben auch die Heiden
und die Juden an das Grab zu ehren mit großer Andacht. ...


## Lucia, die Unerschütterliche

Lucia war eine edle Jungfrau in der Stadt Syracus, die
hörte von Sanct Agathen sagen, wie ihr heiliger Name
wäre geehrt durch das ganze Land Sicilien. Da machte
sie sich auf und kam zu ihrem Grabe mit Euthicia, ihrer
Mutter; die litt das vierte Jahr am Blutfluß, und niemand konnte ihr helfen. Da sie an dem heiligen Orte
waren, las man von ungefähr in der Messe das Evangelium, darin erzählt wird, wie unser Herr ein Weib von
dieser Sucht gesund macht. Da sprach Lucia zu ihrer
Mutter ›Glaubst du, was man da lieset, so glaube auch,
daß Sanct Agathe immer bei ihm ist, um des willen sie
die Marter hat gelitten: und wenn du ihr Grab mit ganzem Glauben berührest, so wisse, daß du gesund
wirst‹. Da das Volk alles aus der Kirche ging, blieb Lucia mit ihrer Mutter, und knieten mit Andacht bei dem

Grabe Sanct Agathen. Da entschlief Lucia und sah Sanct Agathe mitten unter Engeln stehn, mit edlem Gestein gekrönt, und hörte, wie sie zu ihr sprach ›Schwester mein Lucia, Jungfrau Gott geweiht, warum bittest du mich um deine Mutter, die du selber zuhand magst gesund machen? Siehe, deine Mutter ist durch deinen Glauben gesund worden‹. Lucia erwachte und sprach zu ihrer Mutter ›Siehe Mutter, du bist gesund worden. Nun aber bitte ich dich bei der, durch die du geheilt bist, daß du mir nicht mehr redest von einem Gemahl; und das Gut, das du mir geben wolltest zu einer Mitgift, das gieb armen Menschen um Gott‹. Die Mutter antwortete ›Liebe Tochter, warte meines Todes, darnach tu mit dem Gute was du willst‹. Da sprach Lucia ›Mutter, was du nach deinem Tode giebst, das giebst du darum, daß du es nicht mit dir führen magst: gieb es, dieweil du lebest, so wird dir Lohn darum‹. Da sie nun wieder zu Hause waren, gaben sie täglich den Armen von ihrem Gute also viel, daß sich ihr Erbteil minderte. Solches vernahm der Bräutigam und kam zu Sanct Lucien Amme und fragte sie um die Sache. Die antwortete ihm mit Listen und sprach ›Deine Braut hat ein nützer Gut funden, das will sie für dich erwerben; darum verkauft sie das andere Gut, und scheint es also, daß das Gut sich mindere‹. Da wähnte er, es wäre zeitlich Gut, das sie wollte erwerben, und half ihr selbst das andere Gut verkaufen. Da aber alles verkauft war, ward er inne, daß sie es den Armen hatte gegeben; und zog sie voll Zorn es vor den Richter Paschasius, und klagte wider sie, daß sie eine Christin wäre und wider das Gebot der Kaiser habe getan. Der Richter hieß sie den Abgöttern opfern. Dem antwortete sie

und sprach ›Ein Opfer, das Gott wohlgefällt, das ist:
die armen Leute suchen und ihnen zu Hilfe kommen in
ihrer Notdurft. Da ich nun nichts mehr habe, das ich
ihm opfere, so opfere ich mich ihm selber‹. Da sprach
Paschasius ›Diese Worte sage du einem törichten
Christen deinesgleichen, aber nicht mir, denn ich wa-
che über der Fürsten Gebot‹. Antwortete Lucia ›Halte
du deiner Fürsten Gebot: ich halte das Gesetz meines
Herrn Jesu Christi; fürchte du deine Fürsten: ich
fürchte meinen Gott und Herrn. Scheue du dich, ihren
Zorn zu erregen: ich sehe zu, daß nicht Gottes Zorn
über mich komme. Suche du, deinen Fürsten zu gefallen, ich begehre, Christo genehm zu sein. Darum so
sollst du tun, was dir nutz und gut dünket: ich werde
tun, wovon mir Heil kommen mag‹. Sprach Paschasius
›Du hast dein Erbteil verzehrt mit den bösen Buben,
darum redest du als eine offene Sünderin‹. Antwortete
Lucia ›Ich hab mein Gut an einen sicheren Ort gelegt,
und habe nie einen Schädiger empfunden des Gemütes oder Leibes‹. Da fragte Paschasius, wer die Schädiger wären. Antwortete Lucia ›Die Schädiger des Gemütes seid ihr, die ihr den Menschen ratet, daß sie von
ihrem Schöpfer lassen sollen; aber die Schädiger des
Leibes sind die, so den leiblichen Wollüsten mehr
nachfolgen, als den ewigen Freuden‹. Sprach Paschasius ›Du wirst dieser Worte schweigen, so ich dir Strei-
che lasse geben‹. Lucia antwortete ›Gottes Wort kann
nimmer aufhören‹. ›So bist du Gott?‹ sprach Paschasius. Antwortete Lucia ›Ich bin eine Magd Gottes, der
gesprochen hat zu seinen Jüngern: ›So ihr steht vor
den Königen und vor den Richtern, so dürfet ihr nicht
gedenken noch betrachten, was oder wie ihr redet,

denn ihr redet nicht alleine, der Geist eures Vaters im Himmel, der redet aus euch‹. Sprach Paschasius ›So ist der heilige Geist in dir?‹ Antwortete Lucia ›Wer keusch und rein lebet, der ist ein Tempel des heiligen Geistes‹. Da sprach Paschasius ›So laß ich dich führen in den Tempel der offenen Weiber, da sollst du deine Keuschheit verlieren und der heilige Geist soll von dir weichen‹. Lucia antwortete ›Der Leib wird nicht entreinet, es sei denn, daß der Geist seinen Willen dazu gebe. Darum, nimmst du mir meine Reinigkeit mit Gewalt, so magst du doch meinen Willen nicht dazu zwingen: davon wird mir der Lohn mägdlicher Reinigkeit zwiefältig gegeben. Was wartest du? Mein Leib ist bereit zu aller Pein. Fang an, du Sohn des Teufels, und vollbring alle deine Grausamkeit an mir nach deinem Willen‹. Da rief Paschasius Hurenknechte und sprach zu ihnen ›Gehet hin, und ladet alles Volk zu ihrem Leib, sie sollen ihn genießen, bis man sie tot finde‹. Aber da die bösen Buben Sanct Lucien führen wollten zu den Sünden, da war die Magd von Gnaden des heiligen Geistes so schwer, daß man sie nicht mochte von der Stelle bringen. Da gebot Paschasius, daß tausend Mann hinzugingen und ihr Hände und Füße bänden; aber sie mochten sie in keiner Weise bewegen. Er ließ zu den tausend Mann etliche Joch Ochsen an sie spannen, doch blieb die Magd unbeweglich. Er ließ Zauberer herbeikommen, daß sie mit ihren Beschwörungen sie von der Stelle brächten; es verfing nicht. Da rief Paschasius ›Was Zauberei ist dies, daß tausend Mann eine Jungfrau nicht bewegen mögen?‹ Lucia sprach ›Es ist keine Zauberei, es ist Gottes Gewalt. Wisse, tätest du noch tausend zu den andern, sie könnten mich

nicht bewegen‹. Etliche sprachen, daß durch Harn alle
Zauberei aufgelöst werde; also ließ er sie mit Harn be-
gießen. Doch als man sie auch damit nicht von der
Stelle brachte, ward dem Richter bange, und er gebot
ein großes Feuer um sie zu entzünden, und hieß Pech
und Harz und siedend Öl auf sie gießen. Da sprach
Lucia ›Ich hab um eine Frist gebeten meiner Marter,
daß ich den Gläubigen die Furcht des Leidens nehme,
und den Ungläubigen die Stimme der Lästerung‹. Da
des Paschasius Freunde sahen, wie er so gar verzagt
war, stießen sie der Magd ein Schwert in die Kehle.
Doch verlor sie die Sprache nicht, und rief ›Ich künde
euch, daß der Christenheit der Friede ist wiedergeben:
denn Maximianus ist heute tot und Diocletianus ist
vertrieben von dem Reich. Und gleichwie der Stadt Catania meine Schwester Agatha zu einer Hüterin ist gegeben, also bin ich der Stadt Syracus verliehen zu einer
Fürbitterin‹. Noch ehe die Magd diese Rede vollbracht
hatte, waren die Boten der Römer da, und griffen Pa-
schasium und führten ihn gebunden vor den Kaiser;
denn der Kaiser hatte vernommen, daß er das Land
alles beraubt hatte. Er ward gen Rom geführt vor den
Senat und mit Zeugnis überwunden, und ward ihm mit
Urteil sein Haupt abgeschlagen. Lucia aber blieb an
der Statt, da sie verwundet ward, und mochte davon
nicht gebracht werden. Sie gab nicht eher ihren Geist
auf, bis die Priester kamen und ihr den Leib des Herrn
spendeten: und alles Volk sprach Amen. ...

Agnes war eine Jungfrau gar sinnreich und weise; da sie dreizehn Jahre alt war, da verlor sie den Tod und fand das Leben, als uns Ambrosius schreibt, der ihr Leben hat aufgezeichnet. Sie war gar jung geschätzt an den Jahren und war doch alt an Sinnen, sie war des Leibes ein Kind und des Gemütes eine alte Fraue, schön war sie von Antlitz und war doch viel schöner an ihrem Glauben.

Einst als sie von der Schule nach Hause ging, sah sie der Sohn des Präfekten und gewann sie von Herzen lieb. Er warb um sie und gelobte ihr unzähliges Gut und edles Gestein, wenn sie ihn zum Manne nähme. Sie aber sprach ›Weiche von mir, du Futter der Sünde und Speise des Todes; einen andern Bräutigam habe ich mir erwählet‹. Und hub an und lobte ihren Bräutigam um fünf Dinge, so die Braut am Bräutigam sonderlich liebt, als da ist: Edelkeit des Geschlechts, Schöne, Reichtum, Gewalt und hohe Minne; und sprach ›Ich liebe einen, der ist viel edler und würdiger denn du; seine Mutter ist eine Jungfrau, sein Vater hat nie ein Weib erkannt; ihm dienen die Engel, und Sonne und Mond bewundern seine Schöne; sein Gut wird nie gemindert, sein Reichtum nimmt nicht ab; sein Atem macht die Toten lebendig, von seiner Berührung werden die Schwachen gesund; seine Minne ist keusch, seine Berührung heilig, die Vereinigung mit ihm ein lauter Magdtum‹. In diesen fünf Dingen sieht sie seine übertreffende Würdigkeit und spricht ›Wes Edelkeit ist größer, wes Gewalt mag stärker sein, wes Anblick ist schöner, wes Liebe süßer und lieblicher?‹

Darnach so nennt sie fünf Geschenke, die der Bräutigam ihr hat gegeben und die er auch den anderen
Bräuten giebt: er verlobt sich ihnen mit dem Ring des
Glaubens, er kleidet und ziert sie mit mancherlei Tugenden, er zeichnet sie mit dem Blut seiner Marter, er
fesselt sie an sich mit dem Band seiner Liebe, er be-
schenkt sie mit dem Schatz himmlischer Glorie. Davon
spricht sie ›Er hat ein Ringlein an meine rechte Hand
gegeben und hat meinen Hals gegürtet mit gar edelem
Gestein, er hat mir einen Mantel umgetan, der ist mit
Gold durchwirket, und hat mich geziert mit köstlichen
Spangen. Er hat ein Zeichen an mein Antlitz gelegt,
daß ich hinfort keinen anderen liebe denn ihn allein,
und hat mit seinem Blut meine Wänglein gezieret;
schon bin ich umfangen von seinen keuschen Armen,
sein Leib ist nun bei meinem Leib. Er hat mir gezeigt
unermeßlichen Schatz, den hat er mir gelobt, wenn ich
in Treuen bei ihm verbleibe‹. Als der Jüngling das
hörte, kam er fast von Sinnen; und ging hin und warf
sich auf sein Lager. Aus seinen Seufzern ward den Ärz-
ten kund, daß er von Liebe krank war; da ging der Vater
des Jünglings selbst zu Agnes und legte ihr dies vor.
Sie aber sprach ›Wie mag ich meinem Bräutigam die
Treue brechen?‹ Nun hub der Richter an, zu forschen,
wer der Bräutigam wäre, des Macht und Herrlichkeit
Agnes also rühme. Sprach einer, daß es Christus wäre,
den sie ihren Gemahl nenne. Da wollte der Richter
Agnes zu dem ersten mit Schmeichelworten überkom-
men, und darnach mit Drohungen. Aber Agnes sprach
›Tue mir, was du willst; was du von mir begehrst, das
mag nicht geschehen‹. Also achtete sie seiner Drohungen so wenig wie seiner Bitten. Da sprach der Richter

›So erwähle dir eins von den zweien: gehe mit unsern Jungfrauen hin in den Tempel und opfere der Göttin Vesta, so du deine Jungfräulichkeit willst bewahren, oder geh mit den offenen Sünderinnen zu den leiblichen Unreinigkeiten‹. Also nahm er zum Vorwand wider sie, daß sie eine Christin sei; denn da sie von edlem Geschlechte war, mochte er anders ihr keine Gewalt antun. Sie aber antwortete ›Ich will deinen Göttern nicht opfern, und mag auch von leiblichen Sünden nicht entreinet werden, denn ich habe bei mir einen Hüter meines Leibes, den Engel des Herrn‹. Da gebot der Richter, daß man sie sollte bloß ausziehen und also nackt in der gemeinen Frauen Haus führen. Aber der Herr ließ ihr Haar so dicht wachsen, daß ihr Leib davon besser gedeckt war denn mit Gewand. Und da sie in das Haus der Schande kam, stund dort ein Engel, der gab ihr ein lichtes Gewand, und erfüllte mit seinem Glanz das ganze Haus. Also ward die Stätte der Schmach zum Ort des Gebets, und wer dem himmlischen Glanz Ehre gab, ging reiner von dannen, als er gekommen war. Nun kam der Sohn des Richters mit seinen Gesellen vor das Haus und hieß sie zuerst zu ihr eingehen; aber als sie das große Wunder sahen, erschraken sie und wichen scheu zurück. Er aber schalt sie und sprach ›Ihr seid rechte Zagen‹ und ging zornig zu ihr hinein, und wollte Agnes anrühren in dem Glanz; da erwürgete ihn der böse Geist, denn er hatte Gott nicht die Ehre gegeben. Als das der Richter vernahm, kam er mit großem Trauern zu Agnes und forschte, warum sein Sohn tot läge. Sie sprach ›Der, des Willen er an mir vollbringen wollte, hat Gewalt über ihn gewonnen und hat ihn getötet, denn seine Gesellen, als

sie das Wunder an mir sahen, kehrten um und blieben
unversehrt‹. Da sprach der Richter ›Ist es, daß du mir
erwerben magst, daß mein Sohn wieder lebendig
werde, so will ich glauben, daß du dies nicht mit Zauberei vollbracht hast‹. Da betete Agnes; und der Jüngling erwachte, und predigte alsbald Christum vor allem Volk. Als das die Priester der Abgötter sahen,
machten sie einen Aufstand unter dem Volk und
schrieen ›Tötet die Hexe, die die Sinne der Menschen
bezaubert und die Seelen verwandelt‹. Der Richter
hätte sie gern gerettet, da er die großen Zeichen sah,
aber er fürchtete, daß er in die Acht würde getan,
darum setzte er einen andern Richter an seine Statt
und ging von dannen; und war gar betrübt, daß er sie
nicht mochte erlösen. Der andre Richter, Aspasius mit
Namen, hieß die Jungfrau in ein gewaltiges Feuer werfen: aber das Feuer teilte sich in zwei Teile und fiel auf
das tobende Volk und versehrte die Magd nicht. Da
gebot Aspasius, daß man ihr ein Schwert in die Kehle
stoße. Also empfing der weiße und rote Bräutigam
Sanct Agnes zu seiner Braut und Märtyrerin. Sie starb,
als man glaubt, zu den Zeiten Constantini des Großen,
der im Jahre 309 zur Herrschaft kam.
Als aber die Freunde ihren Leichnam begruben, mochten sie kaum den Steinwürfen der Heiden entrinnen.
Da blieb Emerentiana, Sanct Agnes Milchschwester,
bei dem Grab, die war gar heilig, ob sie gleich noch
nicht die Taufe hatte empfangen; und strafte die Heiden mit harten Worten, bis sie selbst von ihnen gesteinigt ward. Da kam ein großes Erdbeben mit Blitz und
Donnerschlag und tötete viele Heiden, also daß hinfort niemand mehr die Christen zu betrüben wagte, die

zu dem Grab der heiligen Jungfrau kamen. Emerentianen Leib aber ward neben Sanct Agnes Leib bestattet.

Acht Tage wachten die Freunde an ihrem Grab; aber am achten Tage war auf einmal bei dem Grab ein Reigen von Jungfrauen, die trugen Kleider von strahlendem Gold; mitten unter ihnen sahen sie Agnes stehen im goldenen Kleid mit einem Lämmlein zu ihrer Rechten weißer denn der Schnee. Und sie sprach ›Weinet nicht als wäre ich tot, sondern freuet euch mit mir und preiset mein Glück, denn ich throne in einem lichten Reich mit allen diesen Jungfrauen‹. Von dieser Erscheinung wird das Fest der heiligen Agnes zum zweiten Male gefeiert. ...


### Cäcilia, der Duft von Rosen und Lilien

Caecilia, die fürscheinende Jungfrau, stammte aus edlem Geschlecht der Römer, und ward von der Wiege an im Christenglauben erzogen. Sie trug das Evangelium alle Zeit verborgen in ihrem Herzen, wich weder Tag noch Nacht von göttlicher Zwiesprach und Gebet; und bat Gott, daß er ihre jungfräuliche Reinigkeit möchte bewahren. Diese Magd ward einem Jüngling verlobt, der war Valerianus genannt; und da der Tag der Hochzeit kam, da war sie zierlich gekleidet, doch trug sie unter ihren goldenen Gewändern ein hären Hemd auf dem bloßen Leib. Und dieweil die Orgeln klungen, sang sie in ihrem Herzen allein dem Herrn und sprach ›Ach Herr, laß mein Herz und meinen Leib unbefleckt

bleiben, aufdaß ich nicht zu Schanden werde‹. Also lag
sie zwei Tage oder drei in Fasten und Gebet und empfahl ihre Sorge Gott dem Herrn. Es kam die Nacht, daß
sie mit ihrem Gemahl in die Kammer an ihre Heimlichkeit kam; da sprach sie zu ihm also ›O du süßer aller-
liebster Jüngling, ich will dir vertrauen ein verborgen
Ding, doch mußt du mir alsbald schwören, daß du es
mit Fleiße willst bewahren‹. Da schwur Valerianus, daß
er es um keine Not wolle entdecken und um keine Ursach verraten. Da sprach Caecilia ›Ich habe einen Engel vom Himmel zu einem Liebhaber, der hütet meinen Leib mit großer Strengigkeit: und so er etwie emp-
findet, daß du mich anrührest in unreiner Minne, so
schlägt er dich, daß du die Blume deiner süßen Jugend
verlierest. Siehet er aber, daß du mich in reiner Liebe
minnest, so gewinnt er dich so lieb als mich, und wird
dir erzeigen seine Glorie‹. Da ward das Herz Valeriani
von Gottes Schickung gewandelt und er sprach ›Willst
du, daß ich dir glaube, so laß mich den Engel sehen;
und bewähre ich in Wahrheit, daß es ein Engel ist, so
will ich tun alles, was du begehrest; ist es aber, daß du
einen anderen Mann liebest, so töte ich dich und ihn
mit meinem Schwert‹. Antwortete Caecilia ›Willst du
an den wahren Gott glauben, und gelobest du, daß du
dich lässest taufen, so magst du den Engel wol sehen:
geh hin bis zur dritten Meile vor der Stadt auf die
Straße, die da heißt die Appische, und sprich zu den
armen Menschen, die du daselbst wirst finden ›Mich
sendet Caecilia zu euch, daß ihr mir weiset den heiligen Greis Urbanus, dem soll ich etwas Heimliches sagen‹. Und siehest du ihn dann, so sage ihm meine
Worte alle; so wirst du von ihm gereiniget werden und

magst darnach den Engel schauen, so du wiederkehrest‹. Also machte sich Valerianus auf und fand Sanct Urbanum den Bischof nach den Zeichen, die er empfangen hatte, bei den Gräbern der Märtyrer verborgen. Und da er ihm alle Worte Caecilien hatte gesagt, hub der Heilige die Hände auf gen Himmel und sprach mit großem Weinen ›Herr Jesu Christe, du Säer reinen Rates, empfange hie die Frucht des Samens, den du in Caecilien hast gelegt; Herr Jesu Christe, du guter Hirte, nimm wahr, wie deine Magd Caecilia dir als ein listig Bienlein gedienet hat; denn den Bräutigam, der als ein wilder Löwe zu ihr kam, den hat sie dir gesendet als ein frommes Lamm‹. Und siehe, alsbald erschien ein Greis, der hatte ein Kleid an, das war wie der Schnee; und hielt ein Buch, das war mit goldenen Buchstaben geschrieben. Als Valerianus den sah, fiel er vor großem Schrecken nieder als wäre er tot; aber der Greis hub ihn auf, daß er in dem Buche las ›Es ist ein Gott, ein Glaube, eine Taufe; ein Gott und Vater aller Menschen, der ist über allen, und durch alles Ding, und in uns allen‹. Als er das gelesen hatte, sprach zu ihm der Greis ›Glaubst du, daß dies also sei, oder zweifelst du noch?‹ Da rief er ›Es ist kein Ding unter dem Himmel, was wahrlicher sei zu glauben‹. Und alsbald, da der Greis verschwunden war, empfing Valerianus von Sanct Urban die Taufe. Und fuhr wieder heim. Da fand er Caecilien mit dem Engel reden in der Kammer. Der Engel aber hielt in seiner Hand zween Kränze, von Rosen und von Lilien, und gab Caecilien den einen und Valeriano den andern und sprach ›Die Kränze bewahret mit Lauterkeit des Herzens und Reinigkeit des Leibes: die habe ich euch hergebracht aus dem Paradiese Gottes:

die welken nimmermehr und ihr Geruch vergeht nicht;
doch mag sie niemand sehen, denn allein wer die Reinigkeit sich hat erwählet. Du aber Valeriane, der du
gutem Rate geglaubt hast, bitte was du willst, es soll
dir gewähret sein‹. Sprach Valerianus ›Mir ist nichts
lieber in dieser Zeit, denn meines einigen Bruders
Liebe; darum so bitte ich, daß er die Wahrheit mit mir
möge erkennen‹. Antwortete der Engel ›Deine Bitte ist
Gott genehm; darum sollet ihr beide zu ihm kommen
mit der Märtyrerpalme‹. Hiernach kam sein Bruder Tiburtius eingegangen in das Gemach. Und da er den
Duft der Rosen empfand, sprach er ›Mich wundert, wo
zu dieser Zeit der Duft der Rosen und Lilien her-
komme; denn so ich selber Rosen und Lilien hielte in
meiner Hand, so wäre ich nicht also mit Wohlgeruch
übergossen; wisset, ich bin also erlabet, daß mir ist,
als wär ich zuhand gänzlich verwandelt‹. Sprach Valerianus ›Wir haben Kränze, die mögen deine Augen
nicht schauen, die blühen schön blumenfarb und
schneeweiß; und gleich wie du ihren Geruch verspürt
hast, dieweil ich Gott darum bat, so wirst du sie auch
mögen sehen, so du wolltest glauben‹. Antwortete Tiburtius ›Höre ich solches im Traum, Valeriane, oder
redest du in der Wahrheit?‹ Sprach Valerianus ›Bisher
sind wir gewesen in einem Traum, nun aber sollen wir
bleiben in der Wahrheit‹. Fraget Tiburtius ›Woher ist
dir dies kund?‹ Antwortet Valerianus ›Das hat mich ein
Engel des Herrn gelehret, den du auch magst sehen,
wann du gereiniget bist, und hast abgesagt den Abgöttern‹. …

Juliana war dem Eulogius verlobt, der war ein Richter zu Nicomedia in der Stadt; aber sie wollte ihm nicht vermählt werden, es wäre denn, daß er Christenglauben empfinge. Darum ließ ihr Vater sie nackend ausziehen und schwerlich schlagen, und also dem Richter überantworten. Der sprach zu ihr ›Liebste Juliana mein, warum hast du mein also gespottet, daß du mich hast von dir gewiesen?‹ Juliana antwortete ›Wenn du meinen Gott anbetest, so will ich deinen Willen tun; anders wirst du nimmermehr über mich Herr sein‹. Er sprach ›Liebste Herrin mein, täte ich das, so schlüge mir der Kaiser das Haupt ab‹. Antwortete Juliana ›Fürchtest du also den irdischen Kaiser, wie muß ich erst fürchten den himmlischen Kaiser? Darum so tu was du willst, du magst mich nicht betrügen‹. Da hieß der Richter sie schwerlich mit Ruten schlagen und den halben Tag an den Haaren aufhängen, und hieß ihr flüssiges Blei auf ihr Haupt gießen; das mochte ihr alles keinen Schaden tun. Also ward sie mit Ketten gebunden und in den Kerker geworfen. Da erschien ihr ein Teufel in eines Engels Gestalt und sprach ›Juliana, ich bin ein Engel von Gott zu dir gesandt, daß ich dich bewege, den Abgöttern zu opfern; denn du sollst nicht fürder also gepeinigt werden und nicht also jämmerlich sterben‹. Da weinte Juliana und betete also ›Herr mein Gott, laß mich nicht verderben, sondern tu mir kund, wer der sei, der mir solche Dinge rät‹. Und es kam eine Stimme vom Himmel, die sprach: sie sollte ihn greifen und ihn zwingen, daß er ihr sage, wer er wäre. Da fing sie ihn und fragte ihn, wer er sei. Er antwortete ›Ich bin ein Teufel, von meinem Vater hergesandt, daß ich dich solle betrügen‹. Juliana sprach ›Wer ist dein Vater?‹ Er antwortete ›Das ist Beelzebub, der sendet uns zu allen bösen Werken, und schlägt uns sehr, wenn wir von den Christen überwunden werden; so weiß ich nun, daß ich zu meinem Unglück bin herkommen, darum daß ich dich nicht mochte überwinden‹. Und unter anderen Dingen, die er bekannte, so sagte er auch, daß die bösen Geister am fernsten müßten fliehen von dem Menschen, so er Messe höre, und wann man bete oder predige. Darnach band Juliana dem Teufel die Hände auf den Rücken und warf ihn nieder zur Erde, und schlug ihn gar hart mit der Kette, damit sie selber gebunden war. Der Teufel aber schrie und bat ›O Juliana, liebste Herrin, erbarme dich über mich‹.

Nun befahl der Richter, daß man Juliana aus dem Kerker führe. Da ging sie heraus und zog den Teufel gebunden nach sich. Der flehte sie an und sprach ›Juliana, Herrin, ich bitte dich, laß mich nicht so gar zu Spotte werden vor den Menschen, denn ich mag sonst hinfort keine Gewalt mehr haben über irgend einen. Nun sagt man doch, daß die Christen mitleidig sind, aber bei dir ist kein Erbarmen‹. Sie aber zog den Teufel fest nach sich und zog ihn über den ganzen Markt, und warf ihn zuletzt in eine Latrine.

Da sie nun vor den Richter kam, ward sie so greulich auf ein Rad gespannt, daß ihre Gebeine brachen und das Mark herausfloß. Aber ein Engel kam und zerstörte das Rad und machte die Jungfrau alsbald gesund. Davon wurden gläubig alle, die es sahen; aber der Richter ließ ihrer 500 enthaupten und 130 Frauen. Hienach ward sie in einen Kessel gesetzt voll siedenden Bleies; darin saß sie als in einem kühlen Bad. Da fluchte der Richter seinen Göttern, daß sie ihm nicht wollten zu Hilfe kommen und die Magd strafen, von der alle Abgötter so große Schande litten. Darnach gebot er, daß man sie enthaupte. Da erschien der Teufel, den sie geschlagen hatte, in eines Jünglings Gestalt, der schrie und sprach ›Ihr sollt die Magd nicht schonen, die eure Götter hat geschmäht, und mich diese Nacht also hat geschlagen: darum so gebt ihr den Lohn, den sie verdient hat‹. Da hub Juliana ein wenig ihre Augen auf, daß sie sähe, wer der wäre, der diese Worte spräche. Als das der Teufel sah, floh er und schrie ›Ach, ich Armer, wo soll ich hinfliehen? Mich dünkt, sie wolle mich wieder fahen und binden‹. ...

## Katharina bringt den Kaiser zur Verzweiflung

Katherina war Costus des Königs Tochter, und ward in den freien Künsten erzogen mit Fleiß. In der Zeit geschah es, daß Maxentius der Kaiser alles Volk reich und arm gen Alexandria entbot, daß sie den Abgöttern opferten; daselbst sollte er auch die Christen urteilen, die nicht opfern wollten. Nun traf es sich, daß Katherina, die zu der Zeit ihres Alters war achtzehn Jahr, alleine stund in ihrem Palast, der voll war von Dienern und aller Reichheit: da hörte sie das Brummen und Schreien der Tiere und den Lärm der Sänger; also sandte sie einen Boten aus und ließ eilends fragen, was das wäre. Da sie verstund, was es sei, nahm sie

Etliche von dem Palast, waffnete sich mit dem Zeichen
des Kreuzes, ging dahin, und fand daselbst viele Christen, die in Furcht des Todes zu den Opfern wurden
geführt. Davon gewann sie großen Schmerz, und trat
kühnlich vor den Kaiser und sprach ›Es ziemte deiner
Würdigkeit wohl, o Kaiser, und die Vernunft riete es,
daß ich dir meinen Gruß entböte, wäre es, daß du den
Schöpfer des Himmels erkenntest und dein Herz zögest von den falschen Abgöttern‹. Und stund vor des
Tempels Tür und hub an, durch unterschiedliche
Schlüsse der Syllogismen allegorisch und metaphorisch, dialectisch und mystisch mit dem Kaiser mancherlei Ding zu disputieren. Darnach kam sie wieder zu
gemeiner Rede und sprach ›Dies habe ich dir gesagt
als einem weisen Manne. Aber nun sprich: warum hast
du ohne Nutz dieses Volk hergeladen zu der Torheit,
daß sie den Abgöttern sollen opfern? Verwundert dich
dieser Tempel, der von der Hand der Werkleute gemacht ist, und seine köstliche Gezierde, die wie ein
Staub ist vor des Windes Angesicht: so sieh an den
Himmel und die Erde und das Meer und alles, was
darin ist; verwundere dich der Gezierde des Himmels,
als da ist Sonne, Mond und Sterne, und nimm wahr
ihren Dienst, wie sie von Anbeginn der Welt bis zu dem
Ende Tag und Nacht laufen gen Untergang und wiederkehren von Aufgang, und werden nimmer müde. Siehest du das mit Fleiß an, so frage und verstehe, wer wol
gewaltiger möge sein. Erkennest du aber den Herrn, so
er es dir selber giebt in deinen Sinn, und wirst inne,
daß ihm niemand gleichen mag, so sollst du ihn anbeten und preisen, denn er ist ein Gott aller Götter und
ein Herr aller Herren‹. Darnach sprach sie gar weislich

**122**  von der Menschwerdung des Sohnes, daß der Kaiser erschrak, und mochte hierzu nichts antworten. Da er aber wieder zu sich kam, sprach er zu ihr ›Warte, o Magd, und laß uns zu dem ersten unser Opfer vollbringen, darnach so wollen wir dir antworten‹. Und hieß sie führen auf seinen Palast und ihrer mit Fleiß hüten; denn ihn verwunderte ihrer Weisheit und der Schönheit ihres Leibes. Sie war auch gar zart und schön und erschien aller Augen sonderlich lieblich mit wunderlicher unsäglicher Schönheit. Darnach kam der Kaiser auf den Palast und sprach zu Katherina ›Wir haben deine Wohlredenheit vernommen und uns gewundert deiner Weisheit: doch da wir mit der Götter Opfer bekümmert waren, mochten wir nicht alles gar verstehen; nun aber wollen wir von Anfang an vernehmen was Geschlechtes du seist‹. Antwortete Katherina ›Es steht geschrieben: du sollst dich selber weder loben noch schelten, solches tun allein die Toren, die von eitlem Ruhm werden bewegt. Darum bekenne ich meine Herkunft nicht aus Hoffart und Eitelkeit, sondern aus Demut; denn ich bin Katherina, Costus des Königs einige Tochter. Aber ob ich gleich im Purpur geboren bin und in allen freien Künsten wohl gelehret, so hab ich dies doch alles verschmähet, und hab mich ergeben dem Herrn Jesu Christo. Die Götter aber, welche du anbetest, können weder dir noch anderen helfen. Weh euch Unseligen, die ihr die Bilder anbetet: eure Götter sind nicht bei euch, so ihr sie anrufet in eurer Not, sie kommen euch in der Trübsal nicht zu Hilf, sie schützen euch nicht in Fährlichkeit‹. Sprach der Kaiser ›Ist das wahr, das du da sagst, so irret dann alle diese Welt, und du allein redest die Wahrheit? Da aber jeglicher

Spruch durch den Mund von zween oder drei Zeugen
muß bewähret werden, so möchte dir niemand glauben,
und wärest du nun ein Engel und eine himmlische
Kraft; und bist doch allein ein schwach Weib‹. Antwortete Katherina ›Kaiser, ich bitte dich, daß du dich nicht
lassest von deinem Zorn überwinden; denn des Weisen Gemüt soll von Grimmigkeit unbewegt sein.
Darum spricht der Dichter ›Wer mit Sinnen herrschet,
der ist ein König; aber wer mit dem Leibe herrschet,
der ist ein Knecht‹. Sprach der Kaiser ›Ich sehe, daß du
uns willst mit böslicher Klugheit fangen, und willst mit
Sprüchen der natürlichen Meister die Rede hinziehen‹.
Und da er sah, daß er ihrer Weisheit nicht mochte widerstehen, gebot er heimlich durch Briefe, daß alle
Meister der Grammatik und Rhetorik eilends auf das
Stadthaus zu Alexandria kämen, die sollten großen
Lohn empfangen, wenn sie die streitbare Magd mit ihren Gründen möchten überreden. Also kamen aus unterschiedlichen Provinzen fünfzig Meister, die alle
Sterblichen in weltlicher Weisheit übertrafen. Sie fragten den Kaiser, warum man sie von allen Enden habe
zusammengerufen. Antwortete der Kaiser ›Es ist bei
uns eine Jungfrau, gar unvergleichlich an Sinnen und
Klugheit, die überwindet alle Weisen und spricht, die
Götter seien allesamt böse Geister. Besiegt ihr die, so
werdet ihr mit großen Ehren wieder heimfahren‹. Da
sprach einer mit unmutiger Stimme ›O großer Rat des
Kaisers, daß er um einen unedeln Streit mit einer Jungfrau die Weisen der Welt aus fernen Landen zusammen hat gerufen, da doch der geringste unsrer Schüler
sie leichtlich überwinden möchte‹. Sprach der Kaiser
›Ich könnte sie wol mit Pein zum Opfer zwingen, aber

**124**    es deuchte mir besser, sie mit euren Gründen gänzlich
zu überwinden‹. Die Weisen aber sprachen ›So werde
die Magd für uns bracht: sie soll ihren Frevel bekennen
und sprechen, daß sie nie weiser Meister sah‹. Da die
Jungfrau vernahm, welcher Streit ihrer wartete, befahl
sie sich gänzlich dem Herrn. Und siehe, der Engel des
Herrn kam zu ihr und mahnte sie, daß sie standhaft
bleibe; und sprach, daß sie nimmer von ihnen möge
überwunden werden, sondern werde sie selbst bekehren und geleiten zu der Märtyrerpalme. Da sie nun vor
die Meister geführt ward, sprach sie zu dem Kaiser
›Was Rechtes ist dies, daß du fünfzig Meister wider
eine Jungfrau zu streiten setzest und gelobst ihnen
noch große Gaben, ist es daß sie siegen; und lässest
mich ohne Hoffnung einigen Lohnes fechten? Doch
wird mein Lohn sein der Herr Jesus Christus, der eine
Hoffnung und Krone ist aller derer, die für ihn streiten‹.
Nun sprachen die Meister, es sei unmöglich, daß Gott
Mensch werde oder leide; da erwies ihnen die Jungfrau, daß solches sogar von den Heiden sei vorausge-
sagt worden. Denn Plato bildet Gott rund und gebo-
gen; die Sibylle aber spricht ›Selig der Gott, der am
hohen Holze hanget‹. Also stritt die Jungfrau weislich
mit den Meistern und widerlegte sie mit klärlichen
Gründen also, daß sie in großem Staunen saßen als
die Stummen und ihrer keiner mehr wußte, was er
sprechen sollte. Da entbrannte der Kaiser wider sie mit
großem Grimm, und hub an sie zu schelten, daß sie
sich von einem Weibe also besiegen ließen. Da sprach
einer, der war ein Meister der anderen ›Du weißt, Kaiser, daß nie ein Mensch vor uns stund, wir überwanden

ihn denn alsbald; aus dieser Jungfrau aber spricht der
Geist Gottes, die bringt uns in also große Verwunder-
nis, daß wir wider Christum nicht können noch mögen
reden. Darum, o Kaiser, sagen wir ohne Scheu: kannst
du uns die Götter nicht besser bewähren, die wir bis
jetzt haben geehret, so bekehren wir uns alle zu Christo‹. Als das der Kaiser vernahm, ward er über die Maßen zornig und gebot, daß man sie alle mitten in der
Stadt sollte verbrennen. Die Jungfrau aber stärkte sie
und machte sie standhaft zu der Marter, und lehrte sie
den Glauben mit Fleiß. Da war ihnen leid, daß sie ohne
Taufe sollten sterben. Katherina aber sprach ›Fürchtet
euch nicht, denn euer Blut wird euch taufen und krö-
nen‹. Also segneten sie sich mit dem Zeichen des
Kreuzes, und wurden darnach in die Flammen gestoßen, und gaben ihre Seelen zu Gott; doch blieben ihre
Haare und ihre Kleider von dem Feuer unversehrt. Darnach bestatteten die Christen ihre Leiber; der Kaiser
aber sprach zu der Jungfrau ›O du edle Magd, schone
deiner Jugend: so sollst du nach der Kaiserin die erste
heißen in meinem Palast, und ich will lassen dein Bild
machen und stellen mitten in die Stadt, daß dich männiglich als eine Göttin soll anbeten‹. Antwortete die
Jungfrau ›Rede mir nicht von solchen Dingen, dergleichen Sünde ist zu denken; wisse, ich habe mich Christo gegeben zu einer Braut, der ist mein Ruhm und
meine Liebe, meine Süßigkeit und mein Ergötzen, von
des Liebe mag mich weder Schmeicheln noch Pein
scheiden‹. Da ward der Kaiser zornig und ließ sie nak-
kend ausziehen und mit Scorpionen schlagen, und
darnach in einen finsteren Kerker schließen. Daselbst
ließ er sie zwölf Tage ohne alle leibliche Speise. Nun

geschah es, daß der Kaiser um etlicher ernstlicher Sachen willen mußte aus dem Lande reiten. Da ging die Kaiserin in großer Liebe entzündet mit Porphyrio dem Kriegsobersten um Mitternacht zu dem Kerker, da die Jungfrau war. Da sie zu ihr einging, sah sie das Gefängnis von unermeßlichem Glanz erleuchtet, und sah Engel der Jungfrau Wunden salben. Da hub Katherina an und predigte der Kaiserin von den himmlischen Freuden, und bekehrte sie zum Christenglauben; und weissagte ihr, daß sie die Märtyrerkrone würde gewinnen. Also verzogen sie die Rede, bis es Mitternacht ward. Als das alles Porphyrius vernahm, fiel er der Jungfrau zu Füßen und empfing den Christenglauben mitsamt zweihundert Rittern. Da aber der Kaiser geboten hatte, daß sie zwölf Tage ohne Speise bliebe, sandte ihr Christus eine weiße Taube vom Himmel, die stärkte sie mit himmlischer Speise. Darnach kam der Herr selber zu ihr mit der Menge der Engel und Jungfrauen, und sprach zu ihr ›Tochter, erkenne deinen Schöpfer, für des Namen du gar einen mühseligen Kampf hast an dich genommen: sei unverzagt, denn ich bin mit dir‹. Als der Kaiser wiederkam, hieß er sie vor sich bringen; da war sie noch schöner worden, die er verderbet wähnte von dem Fasten. Da vermeinte er, daß jemand in dem Kerker sie hätte gespeiset; und gebot, daß man die Hüter des Kerkers sollte martern. Sie aber sprach ›Ich habe von keinem Menschen Speise empfangen, sondern Christus der Herr hat mich durch seinen Engel ernähret‹. Sprach der Kaiser ›Nun empfang mein Wort zu Herzen, und antworte mir nicht mit zweifelhaftiger Rede: ich begehre dich nicht zu besitzen als eine Magd, sondern du sollst als eine gewaltige und hoch-

gezierte Königin in meinem Reiche herrschen‹. Antwortete die Jungfrau ›Nimm auch du wahr meiner
Worte, Kaiser, das bitt ich dich, und entscheide mit
rechtem Urteil und Prüfung, wen ich mir soll erwählen:
den Mächtigen, Ewigen, Glorreichen und Gezierten,
oder den Schwachen, Sterblichen, Unedeln und Ungestalten‹. Da sprach der Kaiser mit Zorn ›Erwähle dir
eins von den zweien: opfre und lebe, oder stirb mit
ausgesuchter Pein‹. Sie antwortete ›Verzieh nicht, alle
Marter zu erdenken, als du vermagst, denn ich sehne
mich, mein Fleisch und Blut dem Herrn darzubringen,
als er sich selber einst für mich hat geopfert. Denn er
ist mein Gott, mein Geliebter, mein Hirt und mein eini-
ger Bräutigam‹. Da gab ein Richter dem wütenden König den Rat, daß er sollte in dreien Tagen vier Räder
lassen machen, die mit eisernen Sägen und spitzen
Nägeln wären gesäumet; die schwere Pein sollte ihren
Leib zerschneiden, aufdaß die übrigen Christen von
der Bitterkeit eines solchen Todes würden erschreckt.
Es ward geboten, daß der Räder zwei nach einer Rich-
tung würden bewegt, zwei aber nach der andern, also
daß die einen nach unten führen und die anderen ihnen entgegen nach oben, und die Jungfrau also von
ihnen zerrissen würde. Da bat Sanct Katherina den
Herrn, daß er das Werk zerstöre zu seines Namens
Preis und zu des umstehenden Volkes Bekehrung.
Siehe, da kam der Engel des Herrn und zerstörte das
Werk mit großer Ungestümigkeit, daß viertausend Heiden davon erschlagen wurden. Das sah die Kaiserin
von oben, die sich bis jetzt heimlich gehalten hatte; da
stieg sie alsbald hinab und schalt den Kaiser um seine
große Grausamkeit. Der ward darob gar zornig, und da

die Kaiserin nicht wollte opfern, gebot er, daß man ihr erst die Brüste sollte abzerren, und ihr darnach das Haupt abschlagen. Da sie zu der Marter geführt ward, bat sie Sanct Katherina, daß sie zu Gott möchte für sie bitten. Die antwortete ›Fürchte dich nicht, Kaiserin von Gott geliebt, denn dir wird heute für dein zergängliches Reich gegeben das ewige Reich; du scheidest von dem sterblichen Gemahl und wirst geeint dem himmlischen Bräutigam‹. Davon ward die Kaiserin gar gestärkt, und mahnte die Henker, daß sie bald täten, was ihnen geboten wäre. Also führten die Knechte sie aus der Stadt, und rissen ihr mit eisernen Spießen die Brüste aus; darnach schlugen sie ihr das Haupt ab. Porphyrius aber nahm ihren Leib und begrub ihn.

Des anderen Tages ward nach dem Leichnam der Kaiserin gefragt, und der Kaiser gebot, daß viel Menschen hierum würden zu dem Tode geführt. Da trat Porphyrius hervor, und rief ›Ich bin es gewesen, der die Dienerin Christi hat begraben; und habe auch den Glauben Christi an mich genommen‹. Da ward Maxentius von Sinnen und schrie mit wildem Brüllen ›O weh mir, wie bin ich so gar verlassen und erbarmungswürdig allen Menschen. Denn sehet, Porphyrius, welcher war der Hüter meiner Seele und der einige Trost meiner Arbeit, ist nun auch verführet!‹ Da sprachen die anderen Ritter, denen er dies klagte ›Wir sind auch Christen, und sind bereit in den Tod.‹ Da ward der Kaiser vor Wut ganz trunken und gebot sie allesamt mit dem Porphyrius zu enthaupten, und ihre Leiber vor die Hunde zu werfen. Darnach rief er Katharina zu sich und sprach ›Zwar hast du mit deiner Zauberkunst meine Kaiserin zu Tode bracht, dennoch sollst du die erste sein in

meinem Palast, wenn du willst zu Sinnen kommen.
Heute noch sollst du den Göttern opfern oder dein
Haupt verlieren‹. Sie antwortete ›Vollbring deinen Willen an mir, denn siehe, ich bin bereit zu aller Marter‹.
Also ward ein Urteil über sie gegeben, daß sie enthauptet würde. Da sie zu der Stätte der Marter geführt
ward, da hub sie ihre Augen auf gen Himmel, betete
und sprach ›O du Zuversicht und Heil aller Gläubigen,
Ehr und Gezierde aller Jungfrauen, Herr Jesu, guter König, ich bitte dich: wer mein Leiden mit Andacht be-
geht und mich in seiner Todesstunde, oder sonst in
Nöten anruft, daß der seiner Begierde in Gnaden
werde gewährt‹. Da kam eine Stimme zu ihr, die sprach
›Komm nun meine Geliebte und meine Braut, denn
siehe, die Himmelstür ist dir aufgetan. Und allen denen, die dein Leiden mit andächtigen Herzen begehen,
soll der himmlische Beistand gelobet sein, den du gebeten hast‹. Darnach schlug man ihr das Haupt ab. Da
floß von ihrem Leibe Milch für Blut; die Engel aber
nahmen ihren Leichnam und führten ihn von der Statt
auf den Berg Sinai, wol zwanzig Tage weit, und begruben sie da mit großen Ehren. Aus ihren Gebeinen fließt
Öl ohn Unterlaß, das heilt die Glieder aller, die krank
und schwach sind. Sie litt unter dem Tyrannen Maxentius oder Maximinus, der um das Jahr des Herrn 310
zur Herrschaft kam. ...

Margareta ist von der Stadt Antiochia geboren und war die Tochter des heidnischen Patriarchen Theodosius. Sie ward einer Amme übergeben, und da sie zu ihren Tagen kam, ward sie getauft; darum haßte ihr Vater sie gar sehr. Als sie fünfzehn Jahre alt war, geschah es eines Tages, da sie mit anderen Jungfrauen die Schafe ihrer Amme hütete, daß der Praefect Olibrius daselbst vorüberzog; und da er die schöne Jungfrau erblickte, entbrannte er alsbald in Liebe zu ihr. Er sprach zu seinen Knechten ›Gehet hin und bringt sie mir; ist sie frei, so will ich sie zur Ehe nehmen, ist sie eine Magd, so soll sie meine Beischläferin sein‹. Also ward sie vor ihn geführt, und er fragte sie nach Herkunft, Namen und Glauben. Sie antwortete, daß sie wäre von edlem Geschlecht, daß ihr Name wäre Margareta, und daß sie halte Christenglauben. Sprach der Praefect ›Die beiden ersten Dinge stehen dir wohl an: daß du edel bist und dem Steine Margarita gleichest an Schönheit; das dritte aber ist nicht ziemlich, daß eine so schöne und edle Jungfrau einen gekreuzigten Gott habe‹. Sie antwortete ›Woher weißt du, daß Christus gekreuzigt ward?‹ Er sprach ›Das weiß ich aus den Büchern der Christen‹. Margareta antwortete ›Es ist darin geschrieben von Christi Leiden und von seiner Herrlichkeit; wie mag es sein, daß du das eine glaubest und das andere nicht?‹ Und hub an zu sagen, wie Christus aus freiem Willen gekreuzigt sei für unsere Erlösung, und daß er nun ewig lebe. Da ward der Praefect zornig und hieß sie in das Gefängnis werfen. Des anderen Tages ließ er sie wieder vor sich bringen und sprach ›Du tö-

richt Mägdlein, erbarme dich deiner Schönheit und
bete unsre Götter an, auf daß es dir wohl ergehe‹. Sie
antwortete ›Ich bete den an, vor dem die Erde zittert,
vor dem das Meer bebt, den die Winde fürchten und
alle Kreaturen‹. Sprach der Praefect ›Gehorchest du
mir nicht, so will ich deinen Leib lassen zerreißen‹.
Margareta antwortete ›Christus gab sich für mich in
den Tod, also will auch ich für Christum sterben‹. Da
hieß der Praefect sie aufhängen in der Folter und so
grausam mit Ruten schlagen und darnach mit eisernen Kämmen ihr das Fleisch bis auf die Gebeine abzerren, daß das Blut wie aus einem klaren Quell von ihr
floß. Es weinten die, so dabei stunden, und sprachen
›O Margareta, wir haben wahrlich Leid, daß wir deinen
Leib so grausam sehen zerfleischt. O wie viel Schönheit hast du durch deinen Unglauben verloren; glaube
doch jetzt noch, auf daß du dein Leben rettest‹. Sie
aber antwortete ›Ihr seid fürwahr schlechte Ratgeber,
weichet von mir, diese Pein des Fleisches ist das Heil
der Seele‹. Und zum Praefecten sprach sie ›Du scham-
loser Hund und unersättlicher Löwe, du hast Gewalt
über den Leib, aber die Seele bleibt Christo ergeben‹.
Da bedeckte der Praefect sein Angesicht mit seinem
Mantel, denn er mochte soviel Blut nicht mehr fließen
sehen. Darnach hieß er sie herabnehmen und ins Gefängnis werfen; das ward alsbald von einem wunderbaren Glanz erleuchtet. Als sie nun daselbst war, bat
sie den Herrn, daß er ihr den Feind sichtbarlich zeige,
der wider sie streite. Und siehe, es erschien ein unge-
heurer Drache; als der sich auf sie stürzte und sie
wollte verschlingen, machte sie das Kreuzeszeichen,
und er verschwand. Man liest auch, daß er seinen Ra-

chen über ihr auftat, den Gaumen über ihr Haupt und die Zunge unter ihre Füße, und sie also verschlang; doch als sie in seinem Leibe war, machte sie das Kreuzeszeichen, und der Drache barst von der Macht des Kreuzes von einander, und die Jungfrau ging unversehrt heraus. Diese Geschichte aber, daß der Drache sie verschlang und darnach barst, wird für apocryph und unziemlich gehalten. Darnach wollte sie der Teufel zum andern Male betrügen, und erschien ihr in eines Menschen Gestalt. Sie aber kniete nieder, als sie ihn sah, und betete. Da sie wieder aufstund, trat der Teufel zu ihr, faßte ihre Hand und sprach ›Laß dir genügen an dem, was du hast getan, und lasse nun ab von mir‹. Sie aber packte ihn an seinem Haupt und warf ihn unter sich zur Erde nieder, setzte ihren rechten Fuß auf seinen Scheitel und sprach ›Da liege, du stolzer Teufel, unter eines Weibes Fuß‹. Der Teufel schrie ›O heilige Margareta, ich bin überwunden; hätte mich ein Jüngling besiegt, ich achtete es nicht, aber nun bin ich von einer Jungfrau überwunden! Das ist mir desto ärger, als dein Vater und Mutter meine Freunde sind gewesen‹. Nun zwang ihn Margareta, daß er ihr sagte, warum er gekommen sei. Da sprach er, er sei gekommen, ihr zu raten, daß sie den Mahnungen des Praefecten gehorsam sei. Sie zwang ihn auch, daß er ihr sagte, warum er die Christen so mannigfach versuche. Er antwortete, daß er einen natürlichen Haß habe wider alle tugendhaften Menschen, und ob er gleich oft von ihnen werde besiegt, so suche er sie doch zu verführen ohn Unterlaß, denn er neide den Menschen die Seligkeit, die er selber habe verloren; also wolle er sie den anderen rauben, da er sie selbst nimmer möge wiedergewinnen. Er erzählte auch, daß Salomo die unzählige Schar der Geister in ein Gefäß habe gebannt; da nun Salomo tot war, ließen die Geister ein Feuer über dem Gefäß erscheinen, also daß die Menschen vermeinten, es wäre darin ein großer Schatz verborgen; darum zerbrachen sie das Gefäß, und die Geister wurden frei und erfüllten die Lüfte. Als er das alles hatte gesagt, hub Margareta ihren Fuß auf und sprach ›Fliehe, Elender‹. Da war er alsbald verschwunden. Da ward sie sehr getrost, denn sie dachte: wer den Herrn besiegt hat, wird auch den Diener überwinden.

Des andern Tages versammelte sich das Volk, und sie ward vor den Richter geführt. Da sie nicht opfern wollte, zog man sie nackend aus und brannte sie mit brennenden Fackeln. Und alle verwunderten sich, daß eine zarte Magd so große Pein möge leiden. Darnach ließ der Richter sie in ein großes Faß mit Wasser setzen und binden, daß ihre Schmerzen desto größer würden nach dem Brande. Aber plötzlich erbebte die Erde, und die Jungfrau ging vor aller Augen unversehrt aus dem Faß. Davon wurden fünftausend Menschen gläubig; die wurden alle um Christi Namen enthauptet. Da fürchtete der Richter, daß des Volkes noch mehr gläubig würde, und gebot alsbald, Sanct Margareta zu enthaupten. Sie bat noch um eine Frist zum Gebet, und betete da mit Andacht für sich und ihre Verfolger und für die, so ihr Gedächtnis würden feiern und ihren Namen anrufen; und bat auch, welche Frau ihren Namen in Kindsnöten anrufe, die sollte eines gesunden Kindes genesen. Da kam eine Stimme vom Himmel, die sprach, sie sei ihrer Bitte gewährt. Darnach stund sie auf von ihrem Gebet und sprach zu dem Henker ›Nun heb dein Schwert, Bruder, und schlag zu‹. Da schlug er zu und schlug ihr mit einem Schlage das Haupt ab; also empfing sie die Märtyrerkrone. ...

## Ursula und die elftausend Jungfrauen

Die Marter der elftausend Jungfrauen geschah in dieser Weise. Es war zu Britannia ein frommer christlicher König, Nothus oder Maurus mit Namen, der hatte eine Tochter, die hieß Ursula. Die war so ehrbares Wandels, so weise und so schön, daß ihr Name flog weit durch die Lande. Da war auch der König von Engelland, der war gar mächtig und hatte viel Völker unter seine Herrschaft gebracht; vor den kam der Ruhm dieser Jungfrau, also daß er sprach: er wäre über alles selig, wann er die Jungfrau seinem einigen Sohn könnte zum Weibe geben. Darauf stund auch des Jünglings Begier. Darum sandten sie feierlich Boten zu der Jungfrau Vater, die sollten ihm schön tun und große Dinge geloben; doch sollten sie ihm auch schwerlich drohen, so sie leer zu ihrem Herrn müßten wiederkehren. Der König von Britannia geriet darob in große Furcht, denn er wollte seine Tochter, die mit dem Glauben Christi gezeichnet war, nicht einem Götzenanbeter zum Weibe geben, und vermeinte auch, daß sie nimmermehr ihren Willen dazu würde geben; und fürchtete doch die Wildheit des Königs. Aber Sanct Ursula gab der Himmel in ihren Sinn, daß sie ihrem Vater riet, er sollte in des Königs Bitte willigen, doch unter dem Beding, daß

der König und ihr Vater ihr zehn erlesene Jungfrauen zu
Troste gäben, und dazu ihr und jeglicher Jungfrau tausend Mägde möchte gesellen; dann sollte man Schiffe bereiten, und ihr eine Frist geben von dreien Jahren, daß sie ihre Jungfrauschaft möchte weihen; hiezwischen sollte der Jüngling selber sich lassen taufen, und in den dreien Jahren gelehrt werden Christenglauben. Mit diesem weisen Rate wollte sie das Herz des Jünglings durch soviel Schwierigkeit von seiner Begierde ziehen, oder doch alsoviel Jungfrauen mit sich Gott weihen. Aber der Jüngling war es alles zufrieden, und nahm das Gedinge an, und lag selbst seinem Vater darum an mit großem Fleiß. Er ließ sich alsbald taufen, und gebot, daß alles eilends würde vollbracht, was die Jungfrau hatte geordnet. Der Vater der Jungfrau aber gebot, daß seine Tochter, die er gar sehr liebte, auch Männer in ihrem Gefolge haben sollte, deren Hilfe sie mit ihrem Heere etwan möchte brauchen. Da kamen die Jungfrauen zuhauf von allen Seiten, und männiglich lief herbei zu schauen das große Wunder. Auch kamen dazu viel Bischöfe, daß sie mit ihr führen; unter denen war auch Pantulus, der Bischof von Basel, der sie darnach geleitete bis gen Rom, und auch mit ihnen herwiderfuhr, und das Martyrium mit ihnen empfing. Aber Sanct Gerasina, die Königin von Sicilien, die ihren Gemahl, einen gar grausamen König, aus einem Wolf gleichsam gewandelt hatte in ein Lamm; die eine Schwester war des Bischofs Maurisius und der Daria, Sanct Ursulen Mutter; die kam alsbald, da ihr der Vater der Heiligen das Geheimnis mit Briefen hatte entboten, das gab ihr Gott in ihren Sinn; und fuhr also gen Britannien mitsamt ihren vier Töchtern Babilla, Ju-

liana, Victoria und Aurea, und mit ihrem kleinen Sohn Adrianus, welcher aus Liebe zu seinen Schwestern von freiem Willen sich aufmachte zu der Fahrt; und ließ ihr Königreich in eines anderen Sohnes Hand. Auf ihren Rat wurden die Jungfrauen gesammelt von unterschiedlichen Königreichen, und blieb sie allzeit ihre Führerin, und erlitt endlich mit ihnen das Martyrium. Da nun nach dem Beding die Mägde gesammelt waren und die Schiffe, und alle Zehrung bereit war, da tat Sanct Ursula ihren Gesellinnen ihre heimliche Meinung kund; also schwuren sie allesamt auf eine neue Ritterschaft: sie huben an in Krieges Weise Spiele zu spielen und fuhren bald zusammen, bald auseinander; bald erhuben sie Streit, bald gaben sie sich zur Flucht und übten sich in allerlei Spiel; und ließen nichts unversucht, was ihnen in den Sinn kam; unterweilen kehrten sie des Mittags wieder von ihrer Fahrt, unterweilen kaum des Abends. Die Edlen und Fürsten kamen zu dem großen Wunder, und waren alle voll Verwunderung und Freuden. Zu dem letzten, da Sanct Ursula alle Jungfrauen zum Glauben hatte bekehrt, da fuhren sie in einem Tag mit einem glückhaften Wind gen Gallien zu dem Hafen, der Thyella genannt ist, und kamen von dannen nach Cöln. Da erschien Sanct Ursula der Engel des Herrn und verkündete ihr, wie sie alle mit einander wieder gen Cöln sollten kommen, daselbst sollten sie die Krone der Märtyrer empfahen. Darnach fuhren sie auf des Engels Geheiß gen Rom. Und da sie kamen zu Basel in die Stadt, landeten sie daselbst und ließen da ihre Schiffe, und zogen zu Fuß gen Rom. Da freuete sich ihrer Zukunft der Papst Cyriacus, denn er war selbst von Britannien geboren, und hatte viel Blutsverwandte unter ihnen. Also empfing er sie mit dem ganzen Clerus in großen Ehren. In derselben Nacht ward dem Papst von Gott kund getan, daß er mit diesen Jungfrauen sollte die Marter leiden. Das verhahl er; und taufte alle die unter den Mägden, die noch ungetauft waren. Da es ihn aber Zeit bedeuchte, zeigte er in einer großen Versammlung seinen Vorsatz an, und tat sich vor allem Volk von seinem Amt und von aller Würdigkeit; er hatte aber ein Jahr und elf Wochen, als der neunzehnte nach Sanct Peter, die Kirche regiert. Dem widerstunden sie allesamt, sonderlich die Cardinäle; denn sie glaubten, er sei von Sinnen kommen, daß er die päpstliche Würde wollte lassen, um daß er hinter etlichen unsinnigen Weibern möchte laufen. Er aber ließ sich davon nicht wenden, sondern setzte einen heiligen Mann mit Namen Ametos zu einem Papst an seiner Statt. Aber dieweil er den apostolischen Stuhl ließ wider des Clerus Willen, so ward sein Name aus der Zahl der Päpste getilgt. Und die Schar der heiligen Jungfrauen verlor von Stund an alle Gnade, darin sie zuvor bei dem römischen Stuhl war gewesen.

Zu der Zeit waren zween böse Fürsten des römischen Heeres, Maximus und Africanus mit Namen; da die ansahen die große Menge der Jungfrauen, und sahen, wie allezeit mehr Männer und Frauen sich zu ihnen gesellten, da ward ihnen Angst, der Christenglaube möchte davon allzu sehr wachsen. Darum erkundeten sie ihren Weg mit Fleiß und sandten Boten an Julium, den Fürsten der Hunnen, der ihnen verwandt war, und ließen ihm sagen: er sollte ausziehen mit seinem Heer und die Jungfrauen, die da Christen seien, hinmorden, so sie gen Cöln kämen. Der selige Cyriacus aber fuhr von Rom mit der edlen Schar der Mägde; es folgte ihm nach Vincentius, der Presbyter cardinalis, und Jacobus, der von Britannien geboren war und war sieben Jahre Erzbischof gewesen zu Antiochia; er hatte zu der Zeit den Papst besucht, und hatte schon wieder die Stadt verlassen, da hörte er von der Ankunft der Jungfrauen, kehrte alsbald um, und ward ein Gefährte ihres Wegs und ihres Leidens. Auch Maurisius, der Bischof der Stadt Lavicana, der Babilla und Juliana Mutterbruder; Follarius, der Bischof von Lucca; Simplicius, der Bischof von Ravenna, der zu der Zeit nach Rom war gekommen: die gingen alle mit den Jungfrauen.

Nun war Aethereus, Sanct Ursulen Bräutigam, in Britannia geblieben; da erschien ihm ein Engel im Gesicht, der gebot ihm, daß er seiner Mutter sollte raten, daß sie Christin würde; denn sein Vater Aethereus war in dem ersten Jahre, da er ein Christ war worden, gestorben, und er war seinem Vater in der Herrschaft nachgefolgt. Da nun die heiligen Jungfrauen mit den vorgenannten Bischöfen wiederkehrten von Rom, ward Aethereus vom Herrn ermahnt, daß er sich alsbald aufmache und seiner Braut entgegenfahre und mit ihr zu Cöln die Märtyrerpalme empfange. Er gehorchte dem göttlichen Gebot, und ließ seine Mutter taufen; und zog mit ihr und seiner kleinen Schwester Florentina, die schon eine Christin war, und mit dem Bischof Clemens den Jungfrauen entgegen, und gesellte sich zu ihnen, die Marter zu erleiden. Zu ihnen kam auch Marculus, ein Bischof von Griechenland, mitsamt seiner Nichte Constantia, des Königs Dorotheus von Constantinopel Tochter; die war einem Kö-

nigssohn vermählt gewesen, doch war derselbige vor
der Hochzeit gestorben, und sie hatte darnach ihre
Jungfrauschaft Gott gelobt; die kamen durch göttliches Gesicht ermahnt gen Rom und einten sich den
heiligen Mägden zum Martyrium. Also fuhren die
Mägde alle mit den vorgenannten Bischöfen wieder
gen Cöln; da funden sie die Stadt allbereits von den
Hunnen belagert. Als die Hunnen die Mägde ersahen,
fielen sie mit großem Geschrei auf sie und wüteten als
die Wölfe unter den Schafen, und töteten sie allesamt.
Da sie nun die andern alle erwürgt hatten und an Sanct
Ursula kamen, da sah der Fürst der Hunnen ihre große
Schönheit an, und verwunderte sich; und hub an, sie
zu trösten über den Tod der Jungfrauen, und gelobte
ihr, er wollte sie zu seinem Weibe nehmen. Das verschmähte Sanct Ursula. Da er sich also verachtet sah,
legte er einen Pfeil auf sie an, und durchschoß sie; also
ward ihr das Martyrium zuteil. ...

## 6. VOM LEIDEN UND KAMPF DER HEILIGEN

*Damit es nicht so scheint, als hätten nur junge Mädchen den Märtyrertod erlitten, beginnt dieses Kapitel mit dem Martyrium des Vincentius. Im übrigen wurden hier Legenden zusammengestellt, die zeigen, was die Ideale und Tugenden der christlichen Kirche sind, wie sie an einzelnen Heiligengestalten anschaulich gemacht wurden. Daß sich als eines der höchsten christlichen Ideale Jungfräulichkeit und Keuschheit erhalten haben, ist auf dem Hintergrund der Legenden von den heiligen Jungfrauen verständlich, allerdings gerinnt das Ideal im Laufe der Zeit immer mehr zur Moral, während der himmlische Glanz der Christusminne zurücktritt.*

*Einige von diesen Legenden – insbesondere die von Georg und von Christophorus – sind eigentlich als Mythen oder Märchen zu bezeichnen. Antike Überlieferungen erscheinen neu in christlichem Gewand.*

## Vincentius

Vincentius war von edlem Geschlecht, aber noch edler an seinem Glauben. Er war des seligen Bischofs Valerius Diacon, und da er besser denn der Bischof mochte reden, so übertrug ihm der Bischof, an seiner Statt zu predigen, und lag selbst dem Gebet ob und göttlicher Betrachtung. Auf des Landpflegers Dacianus Gebot wurden die beiden nach Valencia gebracht und in harte Gefängnis gelegt. Als nun Dacianus wähnte, sie seien von Hunger schier verdorben, ließ er sie vor sich führen; da er sie aber gesund und fröhlich sah, ward er zornig und sprach ›Was kannst du antworten, Valeri, da du unter dem Vorwand des Glaubens wider die Gebote der Fürsten tust?‹ Der Bischof antwortete gar sanftmütiglich; da sprach zu ihm Vincentius ›Ehrwürdiger Vater, flüstre nicht so leise, als ob du aus einem furchtsamen Gemüte sprächest, sondern rede mit lauter Stimme; oder gebiete mir, daß ich dem Richter antworte‹. Sprach der Bischof ›Sohn, ich habe dir schon lange die Gewalt gegeben, für mich zu reden, so befehl ich dir auch nun für den Glauben zu antworten, um des Willen wir hie stehen‹. Da kehrte sich Vincentius zu dem Richter und sprach ›Du hast begehrt, daß wir unsern Glauben sollten verleugnen; so wisse, daß es für uns Christen eine teuflische Klugheit wäre, Gott zu verleugnen und seinen Dienst zu schänden‹. Darob ward der Richter gar zornig und sandte den Bischof in die Verbannung, den Vincentius aber ließ er, als einen frechen und vermessenen Jüngling, auf die Folter spannen, und seine Glieder zerdehnen, daß Andre davon erschreckt würden. Da er nun also zerzerret ward an allen Gliedern, sprach Dacianus ›Vincentius, wo ist nun dein armseliger Leib?‹ Aber Vincentius lachte und sprach ›Das hab ich alle meine Zeit begehrt‹. Davon ward der Richter noch zorniger und drohte ihm alle Pein, wenn er sich nicht in seinen Willen gäbe. Antwortete Vincentius ›O wie glücklich bin ich: je schlimmer du wider mich zürnest, je größere Freude tust du mir; so geh nur hin und tu alle Bosheit an mir, die dein böser Geist dir eingiebt: du sollst sehen, daß ich mit Gottes Hilfe stärker bin im Leiden denn du im Peinigen‹. Da schrie der Richter und schalt die Henker und

ließ sie mit Ruten und Knütteln schlagen. Aber Vincentius sprach ›Nun sieh, Daciane, du rächest mich selber
an meinen Peinigern‹. Da kam der Richter fast von Sinnen und sprach zu seinen Knechten ›O ihr Elenden, ihr
vermögt nichts. Warum werden eure Hände matt? Va-
termörder und Ehebrecher habt ihr gefoltert, daß sie
ihre Missetat nicht mochten verhehlen, und dieser
Vincentius siegt über alle eure Kunst‹. Da rissen ihm
die Henker mit eisernen Kämmen die Rippen auf, daß
das Blut allenthalben von ihm floß; und lösten die
Rippen sich voneinander, daß man die Eingeweide sehen mochte. Der Richter sprach ›Vincentius, erbarme
dich über dich selbst, daß du deine schöne Jugend wie-
dergewinnest, und folge mir; so bist du der anderen
Pein überhoben‹. Vincentius antwortete ›O du giftige
Zunge des Teufels, ich fürchte deine Pein nicht; ich
fürchte allein, daß du dich über mich erbarmest: denn
je zorniger ich dich sehe, je mehr freue ich mich. Ich
will nicht, daß du meine Pein minderst, sondern du
sollst erkennen, daß du überwunden bist in allem, was
du mir magst antun‹. Da nahmen sie ihn von der Folter
und brachten ihn zu der Feuermarter. Er aber trieb die
Schergen zur Eile an und schalt sie, daß sie so lange
säumten, und stieg freiwillig auf den Rost, und ließ
sich brennen und braten; und wurden eiserne Nägel
und glühende Haken durch alle seine Glieder gestochen. Da floß das Blut in das Feuer und wurden neue
Wunden in den alten. Man warf auch Salz in das Feuer,
daß es möge aufspritzen und in seinen Wunden brennen. Nicht lange so trafen die glühenden Haken nicht
mehr die Glieder, sondern die innersten Eingeweide,
und hingen die Eingeweide alle aus seinem Leib. In

**146**  diesen Peinen blieb Vincentius unbeweglich und hub seine Augen auf und betete Gott an. Das sagten die Knechte dem Richter; da sprach Dacianus ›Ach weh mir, so sind wir überwunden! Aber er soll in seiner Pein noch länger leben. Darum nehmet ihn, und schließt ihn in den finstersten Kerker, streckt ihn auf spitzige Scherben und bindet seine Füße an einen Pfahl; laßt ihn also auf den Scherben liegen ohn einen menschlichen Trost, und saget es mir, wenn er tot ist‹. Da liefen die bösen Knechte, ihres bösen Herrn Gebot zu vollbringen. Aber siehe, der König, für den der tapfre Ritter leidet, verwandelt seine Pein in Glorie: die Finsternis des Kerkers ward vertrieben von unermeßlichem Licht, die spitzen Scherben wurden verwandelt in zarte Blumen mancher Art, die Banden fielen von seinen Füßen und die Engel kamen und trösteten ihn. Da er also mit den Engeln über die Blumen schritt und Gott lobte, erscholl der süße Gesang weithin und der Duft der Blumen breitete sich umher. Darob erschraken die Wächter und schauten durch die Spalten des Kerkers: da wurden sie gläubig von dem, was sie sahen. Als Dacianus das hörte, geriet er außer sich und rief ›Was mögen wir ferner tun? Weh, wir sind überwunden. Aber traget ihn auf ein Bette und legt ihn auf weiche Kissen; denn es würde seinen Ruhm mehren, so er in dieser Pein stürbe. Aber so er erlabt und erquickt ist, soll er neue Marter leiden‹. Da aber Vincentius eine kleine Weile auf dem Bett geruhet hatte, gab er seinen Geist auf. ... Dacianus erschrak, als er das vernahm, und war ihm leid, daß er also besiegt war; und sprach ›Mochte ich ihn nicht überwinden dieweil er lebte, so will ich ihn doch peinigen nun er tot ist;

ward mir auch nicht der Sieg, so will ich doch meine
Rache an ihm ersättigen‹. Und hieß den Leichnam auf
das Feld fahren, und den Vögeln und wilden Tieren
zum Fraße vorwerfen. Aber alsbald war um ihn der Engel Wacht, die hüteten sein, daß er von den Tieren
nicht versehrt ward. Zuletzt kam ein Rabe, des Art doch
von Natur gefräßig ist, der verjagte die anderen Vögel,
die stärker waren als er, mit den Schlägen seiner Flügel
und vertrieb auch einen Wolf mit Beißen und Schreien;
und saß darnach, den Kopf zu des heiligen Leibes Anblick ohn Unterlaß gewendet, als bewundere er ehr-
fürchtig der Engel Wacht. Als Dacianus dies vernahm,
rief er ›Soll ich ihn auch im Tode nicht überwinden?‹
Und hieß einen großen Mühlstein an den Leichnam
binden und ihn ins Meer werfen, daß ihn die Meerun-
geheuer fressen sollten, da die Tiere des Feldes sein
hatten geschont. Also fuhren die Schiffleute den
Leichnam hinaus aufs Meer und versenkten ihn in die
Flut: da war er schneller wieder am Strand denn die
Schiffleute. Darnach tat Sanct Vincentius einer edlen
Witwe und etlichen anderen Christenmenschen kund,
wo sein Leichnam läge; die bestatteten ihn mit großen
Ehren. ...

Es war ein Bischof, der führte ein geistlich Leben, und liebte Sanct Andreas vor allen Heiligen. Was er anfing, so sprach er ›In Gottes und Sanct Andreas Namen‹. Das neidete der böse Geist und legte an mit aller Listigkeit, wie er den Bischof betrüge. Und zeigte sich in einer schönen Frauen Gestalt in dem Palast des Bischofs; die begehrte, daß der Bischof ihre Beichte höre. Der Bischof entbot ihr, daß sie seinem Beichtiger beichten solle, dem er volle Gewalt gegeben hatte. Sie entbot ihm hinwider, daß sie keinem Menschen ihre Heimlichkeit wolle wissen lassen, denn allein dem Bischof. Also überwand sie den Bischof, daß er sie zu sich kommen ließ. Da sie vor ihn kam, sprach sie ›Herr, ich bitte euch, erbarmt euch über mich; denn ich bin noch jung und von Kind auf gar zärtlich erzogen, als ihr wol schauen möget, und bin von königlichem Geschlecht geboren. Ich bin in Pilgerims Weise her zu euch kommen, denn mein Vater ist ein mächtiger König und wollte mich einem großen Fürsten zur Ehe geben; ich aber antwortete ihm: ich habe meine Keuschheit Christo ewiglich gelobt, und werde mich nie zu leiblicher Ehe geben. Da wollte mein Vater mich zwingen: ich sollte seinen Willen tun oder große Pein und Strafe leiden. Darum so entrann ich heimlich und begehrte lieber im Elend zu leben, als meinem himmlischen Bräutigam die Treue zu brechen. Da ich nun das Lob eurer Heiligkeit hörte, so hab ich Zuflucht genommen unter die Fittiche eures Schutzes, und hoffe bei euch eine ruhige Statt zu finden, da ich der Stille meiner göttlichen Betrachtung leben könne und da ich si-

cher sei vor der Betrübnis und Anfechtung der Welt‹.
Da verwunderte sich der Bischof, daß so große fromme
Worte aus dem Herzen eines zarten Menschen und so
schönen Weibes flossen, und antwortete ihr mit sanf-
ter Stimme und sprach ›Sei ruhig, Tochter, und fürchte
dich nicht, denn der, um des willen du so kräftiglich
Freundschaft und Ehre und Gut verschmähet hast, der
wird dir große Gnade geben in dieser Zeit und über-
flüssige Glorie in dem ewigen Leben. Aber ich, als sein
Knecht, biete dir mich und alles meine, daß du dir aus-
erkiesest eine Statt zu deiner Wohnung; und bitte dich,
daß du heute mit mir wollest essen‹. Sie antwortete
›Lieber Vater, bittet mich das nicht, damit kein böser
Argwohn daraus entspringe und den Ruhm eurer Heiligkeit beflecke‹. Der Bischof sprach ›Wir sollen nicht
allein essen, es sollen der Meinen viel dabei sein,
darum so mag niemand nichts Böses gedenken‹. Es
kam die Zeit, daß sie zu Tische sollten gehn, da setzte
der Bischof sie gegen sich über und die andern setzten
sich zu den Seiten. Der Bischof sah sie häufig an und
mochte den Blick nicht von ihr wenden, so verwunderte er sich über ihre große Schönheit. Also ward sein
Herze versehrt von dem Blick seiner Augen: denn da
seine Augen unverwandt das schöne Gesicht ansahen,
senkte der Stachel des Bösen sich in sein Herz. Der
Teufel nahm das wahr, und mehrte seine Schönheit je
mehr und mehr. Der Bischof war nahe daran, daß er sie
bitten wollte, seinen Willen zu tun, wenn die erste Ge-
legenheit sich erzeige; da klopfte es plötzlich ungestüm ans Tor und ein Pilgerim begehrte mit lautem
Rufen Einlaß. Und da man ihm nicht öffnete, rief und
klopfte er also ungestüm, daß der Bischof die Frau

**150**  fragte, ob es ihr genehm wäre, wenn man den Menschen einließe. Sie antwortete ›Man lege ihm eine schwere Frage vor: kann er die auflösen, so ist er würdig, daß man ihn einlasse, kann er es nicht, so ist er als ein Unweiser nicht würdig, daß er vor den Bischof komme‹. Das gefiel ihnen allen wohl, und fragten, wer unter ihnen so weise wäre, daß er die Frage sollte aufgeben. Da man niemanden fand, sprach der Bischof ›Fraue, unter allen denen, die gegenwärtig sind, so schaue ich niemand, der geschickt sei, die Frage vorzulegen, als euch, denn ihr übertreffet uns alle mit Weisheit eurer Rede. Darum so sollet ihr die Frage vorlegen‹. Sie antwortete und sprach ›Fraget ihn, was das größte Wunder sei, das Gott in einer kleinen Sache gewirket hat‹. Die Frage ward dem Pilgerim gesagt; der ließ durch den Schaffner antworten ›Das Wunder ist der Unterschied der Angesichter aller Menschen, daß man von Anbeginn der Welt bis an ihr Ende keine zwei kann finden, deren Antlitz gleich sei ohn allen Unterschied, und hat Gott in diesen kleinen Raum alle Sinne des Körpers gebannt‹. Die Antwort lobten sie alle und sprachen ›Dies ist eine gute und wahre Antwort zu dieser Frage‹. Da sprach die Frau ›Wir sollen ihm eine Frage vorlegen, die schwerer sei, so erkennen wir seine Weisheit desto mehr; und sei dies die Frage: wo ist die Erde höher denn aller Himmel?‹ Der Pilgerim antwortete und sprach ›In dem Empyraeum, denn da thront Christi Leib, der höher ist denn alle Himmel, und ist doch von unserem Fleisch, unser Fleisch aber ist von Erde; also ist da die Erde höher denn der Himmel‹. Der Schaffner brachte die Antwort den Gästen. Da waren alle voll Lobes und verwunderten sich solcher Weisheit. Sprach die Frau wiederum ›Nun wollen wir seine Weisheit erkennen, denn die dritte Frage soll die schwerste und verborgenste sein; schließt er den Sinn dieser Frage auf, so ist er würdig, daß man ihn lasse sitzen an den Tisch des Bischofs: fraget ihn, wie hoch es sei von der Erde bis zu dem Himmel‹. Da antwortete der Pilgerim zu dem Schaffner und sprach ›Geh hin zu dem, der dich zu mir mit dieser Frage hat gesendet und laß dir von ihm antworten: er weiß es besser denn ich; denn er hat die Höhe selbst gemessen, da er von dem Himmel in den Abgrund fiel; ich aber bin von dem Himmel nie gefallen, darum so hab ich die Höhe nicht gemessen, wie der böse Geist. Denn es ist kein Weib, sondern der Teufel, der sich in Weibes Gestalt gewandelt hat‹. Von den Worten erschrak der Knecht, und lief hin und sagte diese Märe vor ihnen allen. Da wurden sie niedergeschlagen von großem Schrecken und Wunder; der Teufel aber verschwand vor ihren Augen. Da der Bischof zu sich selber kam, da strafte er sich bitterlich und bat Gnade über seine Sünde. Er sandte eilends seinen Knecht, daß er den Pilgerim zu ihm führe. Aber man fand ihn nimmermehr. Da versammelte der Bischof das Volk und legte ihm die Sache für, wie es ihm ergangen war, und gebot, daß sie mit Fasten und Gebet unsern Herrn anriefen, ob er etwan jemandem kund täte, wer der Pilgerim wäre gewesen, der ihn vor so großer Fährlichkeit hätte behütet. In derselben Nacht ward dem Bischof geoffenbaret, daß Sanct Andreas ihm zu Hilfe in eines Pilgrims Weise sich hätte erzeiget. Da hielt der Bischof Sanct Andream in noch größeren Ehren, als er je zuvor hatte getan. ...

*Märchenhaft die Legende von Christophorus. Sie wirkt wie ein Gegenentwurf gegen den Mythos von dem finsteren Charon der griechischen Mythologie, der die Schatten der Toten über den Styx in den Hades bringt. Christophorus wurde in der christlichen Frömmigkeit zu so etwas wie einem Engel, der vom Diesseits ins Jenseits geleitet, nun aber nicht in den düsteren Hades, sondern in das lichte Reich des Christus.*

Christophorus war geboren vom Volke der Chananaeer und war von gewaltiger Größe und furchtbarem Angesicht, und maß zwölf Ellen in die Höhe. Man liest von ihm in etlichen seiner Geschichten, daß er einst stund vor einem König der Chananaeer; da kam ihm in den Sinn, daß er den mächtigsten König sollte suchen, der in der Welt wäre, und bei dem sollte bleiben. Also kam er zu einem großen König, von dem ging die Rede, daß es keinen größeren Fürsten in der Welt gebe. Der König nahm ihn mit Freuden auf und hieß ihn bei sich bleiben an seinem Hof. Eines Tages aber sang vor dem König ein Spielmann ein Lied, darin des Teufels Name gar oft genannt war. Da nun der König ein Christ war, zeichnete er seine Stirn mit dem Zeichen des Kreuzes, so oft des Teufels Name genannt ward. Als Christophorus das sah, verwunderte er sich über die Maßen, warum der König das täte, und was er mit dem Zeichen meinte. Er fragte den König, der aber wollte es ihm nicht sagen. Da sprach Christophorus ›Sagst du es mir nicht, so bleibe ich nicht länger bei dir‹. Also zwang er den König, daß er sprach ›Wann ich den Teufel höre nennen, so segne ich mich mit diesem Zeichen; denn

ich fürchte, daß er sonst Gewalt gewinne über mich
und mir schade‹. Sprach Christophorus ›Fürchtest du
den Teufel, daß er dir schade, so ist offenbar, daß er
größer und mächtiger ist denn du, da du solche Angst
vor ihm hast. So bin ich denn in meiner Hoffnung betrogen, da ich vermeinte, daß ich den mächtigsten
Herrn der Welt hätte gefunden. Aber nun leb wohl,
denn ich will den Teufel selbst suchen, daß er mein
Herr sei und ich sein Knecht‹. Also ging er von dem
König und machte sich auf, den Teufel zu suchen. Einst
kam er in eine Einöde, da sah er eine große Schar Ritter; einer von ihnen war wild und schrecklich anzuse-
hen, der kam zu Christophorus und fragte ihn, wohin er
fahre. Er antwortete ›Ich suche den Herrn den Teufel,
denn ich wäre gern sein Knecht‹. Sprach der Ritter ›Ich
bin der, den du suchst‹. Des war Christophorus froh
und gelobte ihm seinen Dienst für ewige Zeiten und
nahm ihn zu seinem Herrn. Da sie nun mit einander
dahin zogen, kamen sie einst auf eine Straße, da war
ein Kreuz am Wege erhöhet. Alsbald der Teufel das
Kreuz sah, floh er voll Furcht und ließ die Straße, und
führte Christophorum zur Seite einen rauhen und wü-
sten Weg, und darnach wieder zu der Straßen. Christophorus verwunderte sich darob und fragte ihn, warum
er den geraden Weg habe gelassen und auf solchen
Umwegen durch die Wüste sei gefahren. Der Teufel
wollte es ihm in keiner Weise sagen, aber Christophorus sprach ›Sagst du es mir nicht, so gehe ich alsbald
von dir‹. Also zwang er den Teufel, daß er sprach ›Es ist
ein Mensch gewesen, Christus mit Namen, den hat
man ans Kreuz geschlagen; und so ich dieses Kreuzes
Zeichen sehe, so fürchte ich mich sehr und muß es

fliehen‹. Sprach Christophorus ›So ist dann jener Christus größer und mächtiger denn du, so du sein Zeichen so sehr fürchtest? Also war meine Mühe umsonst, und ich habe den größten Fürsten der Welt noch nicht gefunden. Lebe nun wohl, denn ich will von dir scheiden und Christum suchen‹. Er suchte lange Zeit, ob ihm jemand von Christo möchte Kunde geben. Zuletzt kam er zu einem Einsiedel, der predigte ihm von Christo und unterwies ihn mit Fleiß im Glauben. Und sprach zu Christophorus ›Der König, dem du dienen willst, begehrt, daß du viel fastest‹. Antwortete Christophorus ›Er fordere von mir ein ander Ding, denn dies vermag ich nicht zu tun‹. Sprach der Einsiedel ›Es ist not, daß du viel zu ihm betest‹. Antwortete Christophorus ›Ich weiß nicht, was das ist, und kann ihm darin nicht folgen‹. Da sprach der Einsiedel ›Weißt du den Fluß, darin viel Menschen umkommen, so sie hinüber wollen fahren?‹ Antwortete Christophorus ›Ja, ich weiß ihn‹. Und der Einsiedel sprach ›Du bist groß und stark: setze dich an den Fluß und trage die Menschen dahinüber, so wirst du Christo dem Könige gar genehm sein, dem du zu dienen begehrst; und ich hoffe, daß er sich dir daselbst wird offenbaren‹. Sprach Christophorus ›Das vermag ich wohl, und will ihm hierin dienen‹. Also ging er zu dem Fluß und baute sich an dem Ufer eine Hütte. Er nahm eine große Stange in seine Hand statt eines Stabes, darauf stützte er sich im Wasser und trug die Menschen alle hinüber ohn Unterlaß.

Darnach über manchen Tag, da er einst in seiner Hütte ruhete, hörte er, wie eines Kindes Stimme rief ›Christophore, komm heraus und setz mich über‹. Er stund auf und lief hinaus, konnte aber niemanden finden;

also ging er wieder in seine Hütte. Da hörte er die
Stimme abermals. Er ging wieder hinaus und fand niemanden. Darnach hörte er die Stimme zum dritten Male wie zuvor; und da er hinausging, fand er ein Kind am Ufer, das bat ihn gar sehr, daß er es hinübertrage. Christophorus nahm das Kind auf seine Schulter, ergriff seine Stange und ging in das Wasser. Aber siehe, das Wasser wuchs höher und höher, und das Kind ward so schwer wie Blei. Je weiter er schritt, je höher stieg das Wasser, je schwerer ward ihm das Kind auf seinen Schultern; also daß er in große Angst kam, und fürchtete, er müßte ertrinken. Und da er mit großer Mühe durch den Fluß war geschritten, setzte er das Kind nieder und sprach ›Du hast mich in große Fährlichkeit bracht, Kind, und bist auf meinen Schultern so schwer gewesen: hätte ich alle diese Welt auf mir gehabt, es wäre nicht schwerer gewesen‹. Das Kind antwortete ›Des sollst du dich nicht verwundern, Christophore; du hast nicht allein alle Welt auf deinen Schultern getragen, sondern auch den, der die Welt erschaffen hat. Denn wisse, ich bin Christus, dein König, dem du mit dieser Arbeit dienst. Und damit du siehst, daß ich die Wahrheit rede, so nimm deinen Stab, wann du wieder hinüber gegangen bist, und stecke ihn neben deiner Hütte in die Erde; so wird er des Morgens blühen und Frucht tragen‹. Damit verschwand er vor seinen Augen. Christophorus aber ging hin und pflanzte seinen Stab in die Erde; und da er des Morgens aufstund, trug der Stab Blätter und Früchte als ein Palmenbaum.

Darnach kam Christophorus in die Stadt Samos im Lande Lycien. Und da er die Sprache des Landes nicht verstund, bat er den Herrn, daβ er ihm verleihe, sie zu verstehen. Da er also im Gebet lag, ließen ihn die Richter liegen, denn sie meinten, er wäre unsinnig worden. Christophorus aber empfing, worum er hatte gebeten, und bedeckte sein Angesicht und kam zu dem Richtplatz, und stärkte die Christen, die da gepeinigt wurden, im Herrn. Und da ihn der Richter einer ins Angesicht schlug, entblößte er sein Antlitz und sprach ›Wäre ich nicht ein Christ, wahrlich ich wollte mich bald rächen‹. Dann nahm er seinen Stab und steckte ihn in die Erde, und bat Gott, daß er ihn grünen ließe, damit das Volk davon würde bekehrt. Das geschah alsbald, und es wurden achttausend Menschen gläubig. Da sandte der König zweihundert Kriegsknechte aus, die sollten ihn greifen. Aber sie fanden ihn im Gebet, und wagte keiner, ihm dies zu sagen. Der König sandte abermals zweihundert, die beteten mit ihm, da sie ihn beten sahen. Christophorus erhub sich und sprach ›Wen suchet ihr?‹ Da sahen sie sein Angesicht und sprachen ›Der König sendet uns, daß wir dich gefesselt vor ihn bringen‹. Sprach Christophorus ›Gefällt es mir, so mögt ihr mich weder los noch gebunden mit euch führen‹. Da sprachen sie ›Willst du nicht, so gehe frei, wohin du willst; so werden wir dem Könige sagen, daß wir dich nirgends mochten finden‹. Sprach Christophorus ›Das sei ferne, sondern ich will mit euch gehen‹. Also bekehrte er sie zum Glauben und ließ sich von ihnen die Hände auf den Rücken binden und also gebunden vor den König führen. Als der ihn aber erblickte, erschrak er, daß er von seinem Throne fiel. Seine Diener huben ihn wieder auf, und er fragte Christophorum nach seinem Namen und Vaterland. Chri-

stophorus antwortete ›Vor meiner Taufe war ich Re-
probus genannt, nun aber heiße ich Christophorus‹.
Der König sprach ›So hast du einen törichten Namen
an dich genommen, den Namen des gekreuzigten
Christus, der sich selbst nicht mochte helfen und auch
dir nicht helfen wird. Nun aber, chananaeischer Zauberer, warum opferst du unsern Göttern nicht?‹ Christophorus antwortete ›Wahrlich, du heißest mit Recht
Dagnus, denn du bist der Tod der Welt, ein Geselle des
Teufels; deine Götter aber sind von Menschenhänden
gemacht‹. Sprach der König ›Du bist unter wilden Tieren auferzogen, darum magst du nichts anderes reden
denn wilde Dinge, die den Menschen unbekannt sind.
Willst du nun opfern, so will ich dir zu großen Ehren
helfen; tust du es nicht, so sollst du sterben mit großer
Pein‹. Und da er nicht opfern wollte, ließ er ihn ins
Gefängnis werfen; die Kriegsknechte aber, die Christophorus zum Glauben hatte bekehrt, die hieß er um
Christi Namen enthaupten. Darnach ließ er zwei
schöne Mägde zu Sanct Christophoro in den Kerker
schließen, die eine hieß Nicaea, die andere Aquilina;
und gelobte ihnen großes Gut, so sie ihn zur Sünde
möchten verleiten. Als Christophorus das sah, gab er
sich alsbald an sein Gebet. Die Mägde streichelten ihn
mit ihren Händen und legten ihre Arme um ihn; da
stund er auf und sprach zu ihnen ›Was suchet ihr, und
warum seid ihr hieher kommen?‹ Da erschraken sie vor
der Klarheit seines Angesichts und sprachen ›Erbarme
dich unser, du Heiliger des Herrn, und mache, daß
auch wir an deinen Gott glauben‹. Als das der König
vernahm, ließ er sie vor sich führen und sprach ›Also
seid auch ihr verführet? Ich schwöre euch bei den Göt-

tern: opfert ihr nicht, so sollt ihr eines bösen Todes sterben‹. Sie antworteten ›Willst du, daß wir den Göttern opfern, so gebiete, daß man die Märkte säubere und alles Volk sich sammle in dem Tempel‹. Das geschah. Aber da sie in den Tempel traten, lösten sie ihre Gürtel, taten sie den Götterbildern um den Hals und rissen sie herab, daß sie zu Staub zerbrachen; und sprachen zu dem Volk ›Geht und holet Ärzte, daß sie eure Götter heilen‹. Da gebot der König, daß man Aquilina aufhenke und einen schweren Stein an ihre Füße binde, also daß alle ihre Glieder zerzerret wurden. Als sie zum Herrn war gefahren, ward ihre Schwester Nicaea in ein Feuer geworfen, und als sie unversehrt daraus ging, schlug man ihr das Haupt ab. Darnach ward Christophorus vor den König geführt. Der ließ ihn mit eisernen Ruten schlagen und darnach einen glühenden Eisenhelm auf sein Haupt setzen, und ihn auf einen eisernen Schemel binden, darunter ein Feuer mit Pech entzündet ward. Aber der Schemel schmolz wie Wachs, und Christophorus stund unversehrt. Darnach ward er an einen Pfahl gebunden, und vierhundert Kriegsknechte schossen mit Pfeilen auf ihn. Aber die Pfeile blieben alle in der Luft stehen und mochte ihn keiner treffen. Der König vermeinte, er wäre von den Rittern getroffen, und wollte sein spotten; da fuhr der Pfeile einer herab aus der Luft, wandte sich und traf den König ins Auge, daß er erblindete. Da sprach Christophorus ›Morgen, o König, bin ich tot. Dann nimm von meinem Blut und mache einen Kot daraus und bestreiche damit dein Auge, so wirst du dein Gesicht wieder haben‹. Also ward Christophorus auf des Königs Gebot zum Tode geführt, und da er sein

Gebet gesprochen hatte, ward ihm das Haupt abge- **159**
schlagen. Der König aber nahm ein weniges von seinem Blut, tat es auf sein Auge und sprach ›Im Namen
Gottes und Sanct Christophori‹. Da war er alsbald gesund, und ward gläubig. Und gab das Gebot, wer Gott
oder Sanct Christophorum lästere, der solle mit dem
Schwert geschlagen werden. ...

## Cosmas und Damian, die Ärzte

Cosmas und Damianus waren Brüder und wurden in
der Stadt Aegea geboren von einer heiligen Mutter, die
hieß Theodora. Sie lernten die Kunst der Ärzte und
empfingen so große Gnade in der Kunst von dem heiligen Geist, daß sie alles Siechtum von Menschen und
von Tieren vertrieben. Dafür nahmen sie kein Gut.
Es war eine Frau, Palladia mit Namen, die hatte alles
ihr Gut an Ärzte gelegt; zujüngst kam sie zu den Heiligen, die machten sie gänzlich gesund. Da bot sie Sanct
Damiano heimlich eine Gabe, die wollte er nicht nehmen. Da beschwur sie ihn mit also schweren Eiden,
daß er es endlich nahm, nicht aus Geiz zu der Gabe,
sondern daß er ihre Andacht nicht irre und den Namen
des Herrn nicht verschmähe, bei dem sie ihn also be-
schworen hatte. Als das Sanct Cosmas erfuhr, gebot er,
daß man den Leib seines Bruders dereinst nicht bei
seinem Leichnam sollte begraben. Aber in der Nacht
darnach erschien der Herr Sanct Cosmas und entschuldigte den Bruder bei ihm wegen der Gabe, die er
empfangen hatte.

Dieser Heiligen Leben kam vor den Landpfleger Lysias, der ließ sie vor sich bringen und fragte sie, wes Landes sie wären, wie ihre Namen und Gewerbe wäre. Da antworteten die Heiligen ›Wir sind genannt Cosmas und Damianus; drei anderer Brüder haben wir, die sind genannt Antimus, Leontius und Eupreprius, Arabia ist unser Land; aber wir werben nicht nach irdischem Gut, denn wir sind Christen‹. Da hieß der Landpfleger ihre Brüder auch herbei bringen, daß sie miteinander den Göttern opferten. Da sie dies Gebot verschmähten, ließ er sie gar schwerlich peinigen an Händen und Füßen; aber sie spotteten seiner Strafen. Da ließ er sie mit einer Kette binden und ins Meer werfen. Aber ein Engel führte sie alsbald unversehrt aus dem Meer und stellte sie wieder vor den Richter. Als das der Richter ansah, sprach er zu ihnen ›Bei den großen Göttern, ihr sieget mit Zauberei, daß ihr den Martern entrinnet und das Meer stillet: darum so lehret mich diese eure Kunst, so will ich euch nachfolgen im Namen meines Gottes Adriani‹. Als er das gesagt hatte, waren zwei Teufel gegenwärtig, die schlugen ihn mit Macht in sein Angesicht. Da schrie er auf und sprach ›O ihr guten Herren, bittet euern Gott für mich!‹ Das taten sie, und die Teufel wichen alsbald von ihm. Da sprach der Richter ›Sehet ihr nun, wie meine Götter wider mich erzürnt sind, daß ich sie verlassen wollte; darum so will ich nicht länger leiden, daß ihr meine Götter schmähet‹. Also ließ er sie in ein großes Feuer werfen, davon blieben sie doch unversehrt, und die Flamme schlug aus von ihnen und verbrannte der Heiden viel, die dabei stunden. Darauf gebot er, daß sie auf die Folter würden gespannt; aber ein Engel hütete

ihrer; und da die Knechte sie vor Müdigkeit nicht mehr
mochten schlagen, wurden sie wieder vor den Richter
gestellt unversehrt. Der ließ nun die drei Brüder in den
Kerker schließen; Cosmas und Damianus aber hieß er
kreuzigen, und hieß das Volk mit Steinen auf sie werfen. Da sprangen die Steine auf die zurück, die sie war-
fen, und verwundeten ihrer viele. Da ließ der Praefect
voll Zorns die drei Brüder aus dem Gefängnis führen
und neben das Kreuz stellen, und hieß vier Ritter auf
Cosmas und Damianus, die an dem Kreuze hingen, mit
Pfeilen schießen. Doch sprangen die Pfeile zurück und
verwundeten viel andere Menschen, die heiligen Märtyrer aber blieben unversehrt. Da der Praefect sah, daß
er in allem war überwunden, ward er geängstigt bis in
den Tod, und hieß die fünf Brüder des andern Morgens
zusammen enthaupten. Die Christen gedachten dessen, was Sanct Cosmas hatte gesagt, daß man sie nicht
zusammen sollte begraben, und betrachteten, wie
oder wo die Märtyrer wollten begraben sein. Siehe, da
kam unversehens ein Kamel des Weges und rief mit
menschlicher Stimme, daß man die Heiligen bei einander sollte begraben. ...

Der Papst Felix, der der achte war vor Sanct Gregorio,
baute in der Ehre der Heiligen Cosmas und Damianus
zu Rom eine gar edle Kirche. In dieser Kirche diente ein
Mann den heiligen Märtyrern, dem hatte der Krebs ein
ganzes Bein gefressen. Und siehe, als er schlief, erschienen einst Sanct Cosmas und Damianus ihrem
Diener und trugen Salben und ärztlich Werkzeug mit
sich. Sprach der Eine zum Andern ›Wo sollen wir frisch
Fleisch hernehmen, das Loch zu füllen, da wir das faule
Fleisch müssen ausschneiden?‹ Sprach der Andere

›Auf dem Friedhof zu Sanct Peter ist heute ein Mohr begraben, der ist noch frisch: von dem hole, was wir für diesen brauchen‹. Also lief der Eine wol bald zu dem Friedhof und brachte des Mohren Bein; darnach schnitten sie dem Kranken den Schenkel ab und setzten des Mohren Schenkel an die Stelle, und salbten die Wunde mit Sorgfalt; das Bein des Kranken aber taten sie an des Mohren Leib. Als der Mann erwachte und keinen Schmerz empfand, griff er mit der Hand an die Hüfte und fand sie ohne Fehl. Da zündete er ein Licht an und sah, daß nichts Böses mehr an dem Beine war; und hub an zu zweifeln, ob er es selber wäre oder ein anderer. Aber da er wieder zu sich kam, da sprang er in Freuden aus seinem Bett und erzählte den Menschen, was er im Traum hatte gesehen, und wie er wäre geheilt worden. Die sandten eilends zu dem Grab des Mohren und fanden den Schenkel des Mohren abgeschnitten, und den des Geheilten in sein Grab gelegt.

### Eustachius, der zweite Hiob

Eustachius hieß zuvor Placidus, und war ein Kriegsoberster des Kaisers Trajani. Doch übte er mit Fleiß die Werke der Barmherzigkeit, ob er gleich dem Glauben der Abgötter war ergeben. Er hatte ein Weib desselben Glaubens, die war auch gar barmherzig; die gebar ihm zween Söhne, die ließ er herrlich auferziehen, als seiner Edelkeit wohl ziemte. Da er aber also fleißig war in den Werken der Barmherzigkeit, so verdiente er, daß er zu dem Weg der Wahrheit würde erleuchtet. Es ge-

schah eines Tages, daß er zu der Jagd fuhr; da kam ihm
für eine Schar Hirsche, unter denen war einer sonderlich groß und schön, der sprang von den andern und
floh in den wildesten Wald. Da ließ Placidus die andern Ritter sich mit den andern Hirschen bekümmern
und folgte mit ganzer Kraft einig diesem Hirsche, und
suchte wie er ihn finge. Da er ihn also mit aller Macht
verfolgte, sprang der Hirsch zujüngst auf einen steilen
Felsen; da ging Placidus nahe hinzu und betrachtete
begierlich in seinem Geist, wie er den Hirsch fangen
möchte. Da er aber den Hirsch also mit Fleiß betrachtete, da ersah er zwischen seinen Hörnern die Gestalt
des heiligen Kreuzes, das gab einen Glanz lichter denn
die Sonne, daran hing das Bild des Herrn; der hub
durch des Hirsches Mund, wie einst zu Balaam durch
der Eselin Mund, zu ihm zu reden an und sprach ›O
Placide, warum verfolgest du mich? Ich bin dir zu Lieb
in dieses Tieres Gestalt erschienen, denn ich bin Christus, welchen du unwissend ehrest. Deine Almosen
sind zu mir empor gestiegen, darum so bin ich zu dir
kommen, daß ich dich durch diesen Hirschen fahe, den
du selber zu jagen wähntest‹. Etliche schreiben auch,
daß das Bild Christi selbst, welches zwischen den Hörnern des Hirsches erschien, diese Worte habe gesprochen. Als Placidus das vernahm, fiel er vor großem
Schrecken von seinem Roß zur Erde. Über eine Stunde
kam er wieder zu sich selber, und hub sich auf von der
Erde und sprach ›Erkläre mir, was du da sagst, so will
ich an dich glauben‹. Und Christus sprach ›Placide, ich
bin Christus, der Himmel und Erde erschaffen hat; ich
machte das Licht aufgehn und teilte die Finsternis; ich
habe die Zeiten gesetzt und Tag und Nacht, und habe

den Menschen aus einem Erdenkloβ erschaffen: ich bin zum Heil menschlichen Geschlechts im Fleisch auf Erden erschienen, ich ward gekreuziget und begraben, und bin am dritten Tage auferstanden‹. Als Placidus das vernahm, fiel er zum andern Male zur Erde nieder, und sprach ›Herr, ich glaube, daβ du es bist, der alles erschaffen hat und die Irrenden bekehret‹. Sprach zu ihm der Herr ›Glaubest du, so gehe zu dem Bischof der Stadt und laβ dich von ihm taufen‹. Antwortete Placidus ›Herr, willst du, so künde ich dieses auch meiner Frauen und meinen Söhnen, daβ sie auch an dich glauben‹. Sprach der Herr ›Sage es ihnen, aufdaβ sie mit dir mögen gereiniget werden; du aber sollst des morgenden Tages wiederum hierher kommen, so will ich dir zum andern Male erscheinen, und will dir klärlich künden, was dir in Zukunft soll geschehen‹. Da Placidus heim kam und seiner Frau im Bette erzählte, was ihm geschehen war, da schrie sie auf und sprach ›Lieber Herr, auch mir ist in der vorigen Nacht Einer erschienen, der sprach zu mir: morgen sollst du mit deinem Mann und deinen Kindern zu mir kommen. Nun erkenne ich wohl, daβ dieser Christus selber ist gewesen‹. Also gingen sie zu dem Bischof von Rom um Mitternacht, der taufte sie mit groβen Freuden, und nannte den Placidus in der Taufe Eustachius und sein Weib Theospite, und die Söhne Agapitus und Theospitus. Als es Morgen ward, ritt Eustachius aber auf die Jagd, als zuvor; und da er nahe zu dem Ort kam, zerteilte er seine Ritter, in dem Schein, daβ sie der Fährte des Wilds sollten nachspüren. Und ritt selber an die alte Statt: da sah er das erste Gesicht wiederum, fiel auf sein Antlitz und sprach ›Herr ich bitte dich, tu dei-

nem Knechte kund, was du ihm verheißen hast‹. Da
sprach der Herr ›Selig bist du Eustachi, daß du das Bad
meiner Gnade hast angenommen und den Teufel hast
überwunden und ihn mit Füßen getreten, der dich ge-
täuscht hatte; nun wird dein Glaube offenbar werden.
Denn darum, daß du ihn verlassen hast, wird der Teufel
sich grimmig wider dich waffnen, und du wirst viel leiden müssen, um die Krone des Siegs zu erlangen; und
wirst mancherlei erdulden, daß du erniedert werdest
von der hohen Eitelkeit der Welt, und in geistlicher
Reichheit werdest erhöhet. Dann verzage nicht, und
schaue nicht zurück nach deinem vorigen Ruhm; denn
du sollst in den Versuchungen als ein zweiter Job dich
erweisen. Bist du dann erniedriget, so will ich zu dir
kommen und dich erhöhen zu deinen vorigen Ehren;
doch sprich, willst du die Versuchungen jetzt erleiden
oder am Ende deines Lebens?‹ Spricht zu ihm Eustachius ›Herr, soll es also sein, so laß alsbald die Versuchung über mich kommen; doch gieb mir Kraft zum
Leiden‹. Spricht der Herr ›Harre aus und sei stäte,
meine Gnade soll eure Seelen behüten‹. Hiemit stieg
der Herr wieder auf gen Himmel, Eustachius aber
kehrte heim in sein Haus, und kündete es alles seinem
Weibe.
Und über etliche Tage, siehe, so fiel ein großes Sterben
auf seine Knechte und Mägde, und tötete sie allesamt.
Etliche Zeit darnach starben alle seine Rosse plötzlich
und alles sein Vieh. Als etliche Übeltäter sahen diese
seine Not, fielen sie des Nachts in sein Haus, und
raubten alles, was sie fanden, und trugen Gold und
Silber davon und alles Gut seines Hauses; da floh Eustachius des Nachts mit Weib und Kind arm und bloß,

und sagte Gott Dank. Vor Scham mochten sie nicht in dem Lande bleiben, und fuhren gen Ägypten; und ward alles sein Gut durch den Raub der Bösen zu nichte gemacht. Des betrübte sich der König und aller Senat zu Rom, daß sie ihren strengen Heermeister verloren hatten; denn sie mochten keine Spur mehr von ihm finden. Eustachius aber kam auf seinem Wege ans Meer, da fanden sie ein Schiff und huben an auf ihm zu fahren. Da sah der Herr des Schiffes Eustachii Weib an, daß sie schön war, und begehrte ihrer. Und da er sie hatte hinüber gefahren, forderte er von ihnen den Fährlohn; und da sie nichts hatten, davon sie es nehmen sollten, gebot er, die Frau zu halten an des Fährlohns Statt, weil er sie bei sich wollte haben. Als das Eustachius vernahm, wollte er in keiner Weise darein willigen. Aber da er ihm lange Zeit hatte widerstanden, winkte der Herr des Schiffes seinen Schiffsleuten, daß sie ihn sollten ins Meer werfen, aufdaß er also das Weib möchte haben. Als das Eustachius empfand, ließ er ihnen sein Weib mit Trauern, nahm seine beiden Kinder, und ging mit Seufzen und sprach ›Weh mir und euch, daß eure Mutter einem fremden Manne ist zugefallen‹. Darnach kam er fürbaß an einen Fluß, des Fluten gingen so hoch, daß er nicht wagte mit den beiden Kindern durch das Wasser zu gehen. Und ließ den einen am Ufer und trug erst den andern hinüber. Da er nun durch den Fluß war gegangen, setzte er das Kind, das er mit sich hatte geführt, zur Erde nieder; und eilte, das andere zu holen. Aber da er mitten in dem Flusse war, siehe so kam eilends ein Wolf daher, und raubte das Kind, das er zu Boden hatte gesetzt, und lief damit in den Wald. Des wollte er gar verzweifeln; und lief zu

dem andern Kinde. Aber da kam ein Löwe des Weges,
der raubte das andere Kind und lief mit ihm von dannen, daß Eustachius ihm nimmer mochte folgen. Da
stund er nun mitten in dem Wasser, und hub an zu
klagen, und raufte sein Haar vor Leide; und hätte sich
gern ertränket, wenn nicht die Gottes Gnade ihn hätte
aufgehalten. Es geschah aber, daß Hirten den Löwen
sahen das lebende Kind tragen, darum jagten sie ihn
mit ihren Hunden; da ließ der Löwe von Gottes Fürsicht das Kind fallen unversehrt, und floh hinweg. Dem
Wolf begegneten etliche Ackerleute und schrieen hinter ihm drein, und retteten also den anderen Knaben
aus seinem Rachen. Beide aber, die Hirten und die Ak-
kerleute, waren aus demselben Dorfe, und zogen die
Knaben bei sich auf. Von alledem wußte Eustachius
nichts, sondern er ging dahin mit Seufzen und Klagen,
und sprach ›Weh mir, ich grünete als ein Baum, nun
bin ich gar entblößet; ich hatte allezeit viel Ritter, die
mir dienten, nun bin ich gar allein, und beraubet meiner Söhne. Herr, ich gedenke daran, daß du sprachest,
ich sollte versucht werden als Job; aber siehe, ich
glaube, mir geschieht mehr denn ihm: denn da er seines Gutes beraubt war, so hatte er doch einen Mist-
haufen, darauf er saß; so habe ich garnichts. Er hatte
Freunde, die ihn trösteten; so hab ich wilde Tiere, die
mir meine Kinder haben genommen. Ihm blieb sein
Weib; so ist mir meines genommen. Herr, gieb Ruhe
meiner Trübsal, und behüte meinen Mund, daß mein
Herz nicht ausbreche in Worte der Ungerechtigkeit,
und ich verworfen werde von deinem Angesicht‹. Also
sprach er mit Tränen und ging fürbaß; und kam in ein
Dorf, da verdingete er sich als ein Knecht und hütete

daselbst den Bauern ihres Feldes fünfzehn Jahre. Unterdem wurden die Söhne in einem andern Dorfe erzogen; die wußten nicht, daß sie Brüder waren. Eustachii Weib aber behütete der Herr, und fügte, daß der Fremde sie nicht erkannte, sondern er starb bald, und ließ sie zurück unberührt.

Nun geschah es über eine Zeit, daß der Kaiser und das römische Volk schwerlich bedrängt wurden von ihren Feinden; da gedachte der Kaiser des Placidus, wie er oft wider dieselben Feinde glückhaft gestritten hätte; und war ihm leid, daß sich sein Leben also hatte verwandelt. Und sandte viel Kriegsknechte aus nach allen Enden der Welt; und versprach denen, die ihn fänden, viel Gut und Ehren. Da kamen der Ritter zween, die einst dem Placidus hatten gedient, auch in das Dorf, da er wohnte. Und da er sie sah über das Feld daherkommen, erkannte er sie alsbald an ihrem Schritt; und gedachte der großen Würdigkeit, die er vor Zeiten hatte besessen, und ward gar betrübt und sprach bei sich ›Ach Herr: wie ich dieser, die einst mit mir waren, wider mein Hoffen bin sichtig worden, so gieb, daß ich auch mein Weib noch einmal möge schauen; aber meine Kinder sind von den wilden Tieren zerrissen, das weiß ich sicherlich‹. Da kam eine Stimme zu ihm, die sprach ›Eustachi, hab gut Vertrauen, denn du sollst kürzlich wieder zu deinen Ehren kommen, und sollst deine Söhne und dein Weib wieder haben‹. Da kamen die Ritter zu ihm, aber sie erkannten ihn nicht, sondern grüßten ihn und sprachen: ob er einen Mann mit Namen Placidus kännte, der eine Frau hätte und zween Söhne. Er sprach, er kännte sein nicht. Doch bat er sie, daß sie bei ihm zu Herberg einkehrten. Das taten sie,

und er diente ihnen. Da gedachte er wieder an seine
frühere Herrlichkeit, und mochte sich der Tränen nicht
enthalten; darum ging er aus, und wusch sein Antlitz,
und ging da wieder zu ihnen, und diente ihnen aber zu
Tische. Da sahen die Ritter einander an, und sprach
der eine zum andern ›Wie gar gleich ist doch dieser
Mensch dem Placido, den wir suchen‹. Antwortete der
andere und sprach ›Wol ist er ihm gar gleich: doch sollen wir schauen, ob er das Zeichen habe der Wunde,
die ihm in dem Streit an sein Haupt ward geschlagen;
so ist er es‹. Sie sahen ihn an, und sahen das Zeichen.
Da erkannten sie, daß es Placidus wäre, den sie suchten; und fielen auf ihn und küßten ihn, und fragten ihn
nach Weib und Kind. Da sagte er ihnen, wie die Kinder
tot wären, und die Frau behalten wäre. Zu dem Wunder
liefen die Nachbarn alle; die Ritter aber taten seine
Tapferkeit kund und den Ruhm, den er vor Zeiten hatte
gehabt. Darnach legten sie ihm das Gebot des Kaisers
dar, und kleideten ihn mit köstlichen Kleidern. Und da
sie fünfzehn Tage waren gefahren, kamen sie zu dem
Kaiser; der ritt ihm entgegen, als er hörte, daß er gekommen sei, und umarmte und küßte ihn. Da sagte er
öffentlich die Geschichte, die ihm geschehen war. Darnach ward er wieder zum Heermeister gemacht und
waltete des selben Amtes als zuvor. Aber da er das
Heer zählte, ward er inne, daß sie zu wenig seien wider
so viel Feinde; und hieß junge Mannschaft sammeln
durch alle Städte und Dörfer. Nun geschah, daß in dem
Dorf, da Eustachii Söhne waren erzogen, ausgeschrie-
ben ward, daß sie zween Jünglinge sollten geben; da
sprachen die Dorfleute allesamt, daß die zween Söhne
die stärksten und besten wären, und sandten sie dem

**170**  Heermeister. Da Eustachius sah, wie die Jünglinge so
stolz von Leib waren und so gut von Sitten, da nahm er
sie auf unter seine nächsten Gesellen, denn sie gefie-
len ihm gar wohl. Also fuhr er zu Streit und überwandt
die Feinde; und ließ darnach sein Heer drei Tage an
einem Orte rasten, da wohnte sein Weib als eine arme
Wirtin. Da geschah es durch Gottes Fügung, daß die
zween Jünglinge in der Mutter Haus wurden geher-
bergt; doch wußten sie nicht, daß es ihre Mutter war.
Nun traf es sich, daß sie einsmals um die Mittagstunde
beisammen saßen, und mit einander von ihrer Kindheit redeten. Die Mutter saß gegen ihnen über und
hörte mit Fleiß dem zu, was sie erzählten. Da sprach
der ältere zum jüngeren ›Das Längste, daran ich gedenke, da ich ein Kind war, ist, daß mein Vater ein Mar-
schall war, meine Mutter aber war gar schön; und hatten zween Söhne, mich und einen jüngeren, der auch
gar schön war. Einst nahmen sie uns und gingen bei
Nacht aus dem Haus, und stiegen auf ein Schiff und
fuhren, ich weiß nicht wohin. Da wir aber aus dem
Schiffe gingen, blieb unsre Mutter auf dem Meer, daß
ich nicht wußte, warum; der Vater aber trug uns beide
fürbaß mit Weinen; darnach kamen wir an einen Fluß,
da trug er meinen jüngeren Bruder hinüber, mich aber
ließ er am Ufer zurück. Da er nun wieder kam, mich zu
holen, kam ein Wolf und raubte meinen Bruder; und
ehe er mir noch mochte nahen, kam ein Löwe aus dem
Wald und führte mich von dannen in den Wald. Doch
rissen Hirten mich aus des Löwen Rachen, und ich
ward darnach in dem Dorf auferzogen, das du selber
kennest. Was aber aus meinem Vater und aus meinem
Bruder geworden sei, das mochte ich nie erfahren‹. Da

dies hörte sein Geselle, er begann weinen und sprach
›Ach Gott, nun höre ich wohl, daß ich dein Bruder bin;
denn die mich auferzogen, sagten zu mir: wir haben
dich einem Wolf entrissen‹. Da fielen sie einander in
die Arme, und weinten und küßten sich. Da dies ihre
Mutter hörte, wie sie ihre Geschichte also klärlich hatten erzählt, begann sie zu betrachten, ob dies ihre
Söhne wären. Und ging des anderen Tages zu dem
Heermeister und bat ihn um Gehör und sprach ›Ich
bitte dich, Herr, laß mich wieder führen in mein Vaterland, denn ich bin von der Römer Land, und bin hie
fremd‹. Unter dem daß sie diese Worte redete, sah sie
das Zeichen an ihm, und erkannte, daß er ihr Gemahl
wäre. Da mochte sie sich nimmer halten und fiel nieder zu seinen Füßen und sprach ›Herr, ich bitte dich,
sage mir, wie du dein Leben habest herbracht: denn
mich bedünket, du seist Placidus der Heermeister,
welcher mit anderem Namen Eustachius ist genannt;
den der Herr bekehrte und der jene Versuchung mußte
erleiden; ich bin sein Weib, die ihm auf dem Meere
ward entrissen, doch blieb ich rein von aller Beflek-
kung; er hatte auch zween Söhne Agapitum und Theo-
spitum‹. Als Eustachius das hörte, und sah sie mit
Fleiß an, da erkannte er, daß sie seine Frau war. Und
weinte vor Freuden, und küßte sie; und sagte Gott
Dank, der ein Tröster ist aller Betrübten. Da sprach zu
ihm sein Weib ›Herr, wo sind unsere Kinde?‹ Er antwortete ›Sie sind von den wilden Tieren geraubt‹ und
erzählte ihr, wie er sie verloren hatte. Da sprach die
Frau ›Wir sollen Gott danken: denn ich glaube, wie
Gott uns einander hat wiedergegeben, so wird er uns
auch verleihen, daß wir unsere Söhne noch mögen

wiedersehen‹. Sprach Eustachius ›Ich sage dir, sie sind von den wilden Tieren geraubt‹. Sie antwortete ›Gestern saß ich in meinem Garten, da hörte ich, wie zween Jünglinge von ihrer Kindheit redeten in solcher Weise, daß mich bedünket, sie sind unsere Söhne. Frage sie selber; so werden sie es dir sagen‹. Da rief Eustachius die Jünglinge für sich, und hörte die Geschichte ihrer Kindheit; und erkannte, daß diese seine Söhne waren. Da fielen Vater und Mutter auf sie und weinten lange Zeit an ihrem Hals, und küßten sie. Also war auch das Heer alles in großen Freuden über ihre Wiederfindung und über den Sieg wider die Barbaren. ...

### Sankt Georg, der Drachentöter

*Ein bekanntes Motiv aus Märchen und Sagen erscheint hier in christlichem Gewand. Sanct Georg wurde zum Vorbild christlicher Ritter.*

Georgius der Ritter war geboren von Cappadocischem Geschlecht; der kam einst in das Land Lybia, in die Stadt Silena. Nahe bei der Stadt war ein See, so groß als ein Meer, darin wohnte ein giftiger Drache, der hatte schon oft das ganze Volk in die Flucht getrieben, wann es gewappnet wider ihn zog. Dann kam er bis unter die Mauern der Stadt und verpestete alles mit seinem Gifthauch. Also gaben ihm die Bürger täglich zwei Schafe, daß sie seinen Grimm stilleten; anders so kam er unter die Mauern der Stadt und verpestete die

Luft mit seinem Gifthauch, daß viele daran starben.
Als aber der Schafe wenig wurden und man ihrer nimmer genug mochte finden, kam man überein, daß man dem Wurm täglich opfern sollte einen Menschen und ein Schaf. Also warf man das Los, welchen Mann oder welches Weib man dem Drachen geben sollte; und niemand mochte dem entrinnen. Als nun schon fast alle Söhne und Töchter der Stadt geopfert waren, geschah es, daß das Los auf des Königs einige Tochter fiel, daß man sie dem Drachen sollte geben. Da ward der König traurig und sprach ›Nehmt mein Gold und Silber und die Hälfte meines Königreiches, aber laßt mir meine Tochter, daß sie nicht also jämmerlich sterbe‹. Das erzürnte das Volk und sie sprachen ›König, du hast das Gebot selber gegeben: wir mußten alle unsre Kinder verlieren, und du willst deine Tochter behalten? So du an ihr das Gesetz nicht erfüllest, das du gegeben hast, verbrennen wir dich und dein Haus‹. Als der König ihren Ernst sah, hub er an seine Tochter zu klagen und sprach ›Weh mir, mein Kind, was soll ich mit dir tun, was soll ich sprechen? Ach, nimmer werde ich deine Hochzeit sehen‹. Und zum Volk sprach er ›Ich bitte euch, laßt sie mir nur noch acht Tage, daß ich um sie klage‹. Das gewährten sie ihm. Aber am achten Tage kam das Volk zu Hauf und schrie mit Zorne ›Warum verdirbst du dein Land um deiner Tochter willen? Denn wir müssen alle von dem Anhauch des Drachen sterben‹. Da sah der König, daß er seine Tochter nicht erretten mochte; und ließ ihr königliche Kleider anlegen, umarmte sie und sprach zu ihr mit Tränen ›O weh liebe Tochter, ich gedachte königliche Kinder von deinem Schoße zu erziehen; nun wirst du von dem

Drachen verschlungen. Ich dachte zu deiner Hochzeit edle Fürsten zu laden, das Schloß mit Perlen zu schmücken, Pauken und Trompeten zu hören; nun gehst du hin, daß dich der Drache essen soll‹. Und küßte sie und rief ›O Tochter, ich wäre besser vor dir gestorben, denn daß ich dich also muß verlieren‹. Da fiel sie zu des Vaters Füßen nieder und bat um seinen Segen. Den gab er ihr unter Tränen, und sie machte sich auf zu dem See. Da kam Sanct Georg von ungefähr dahergeritten, und da er sie weinen sah, fragte er, was ihr wäre. Sie antwortete ›Guter Jüngling, steiget schnell auf euer Roß und fliehet, oder ihr werdet mit mir verderben‹. Sprach Georg ›Fürchte dich nicht, liebe Tochter, sondern sage mir, worauf du hier harrest unter den Augen alles des Volkes?‹ Sie antwortete ›Herr, ich sehe, daß ihr edlen Herzens seid, aber begehrt euch, mit mir zu sterben? Fliehet eilends von hinnen‹. Sprach Georg ›Ich werde nicht eher von diesem Orte kommen, bis du mir sagst, was dir sei‹. Da erzählte sie ihm alles. Er aber sprach ›Liebe Tochter, sei ohne Furcht, ich will dir helfen in dem Namen Christi‹. Sie sprach ›Guter Ritter, du sollst nicht mit mir sterben, es ist genug, so ich untergehe; denn retten magst du mich nicht, sondern du wirst mit mir verderben‹. Da sie noch sprachen, siehe, so hob der Drache sein Haupt aus dem See. Die Jungfrau zitterte vor Schrecken und rief ›Flieh, guter Herr, flieh so schnell du magst‹. Aber Georg sprang auf sein Roß, machte das Kreuz vor sich und ritt gegen den Drachen, der wider ihn kam; er schwang die Lanze mit großer Macht, befahl sich Gott, und traf den Drachen also schwer, daß er zu Boden stürzte. Dann sprach er zu der Jungfrau

›Nimm deinen Gürtel und wirf ihn dem Wurm um den
Hals, und fürchte nichts‹. Sie tat es, und der Drache
folgte ihr nach wie ein zahm Hündlein. Als sie ihn nun
in die Stadt führte, erschrak das Volk und floh auf die
Berge und in die Höhlen und sprach ›Weh uns, nun
sind wir alle verloren‹. Da winkte ihnen Sanct Georg
und rief ›Fürchtet euch nicht, denn Gott der Herr hat
mich zu euch gesandt, daß ich euch erlöse von diesem
Drachen. Darum glaubet an Christum und empfanget
die Taufe allesamt, so will ich diesen Drachen erschlagen‹. Da ließ der König sich taufen und alles Volk mit
ihm, und Sanct Georg zog sein Schwert und erschlug
den Drachen. Darnach gebot er ihn aus der Stadt zu
schaffen, und vier Paar Ochsen zogen ihn heraus vor
die Stadt auf ein großes Feld. Es wurden aber an jenem
Tage 20000 Menschen getauft, die Weiber und Kinder
nicht gerechnet. Der König ließ der Jungfrau Maria zu
Ehren und Sanct Georg eine schöne Kirche bauen, und
auf dem Altar entsprang ein lebendiger Quell, der
machte alle Kranken gesund, die daraus tranken. Sanct
Georgen bot der König unermeßliche Schätze an, aber
der wollte sie nicht nehmen, sondern ließ sie unter die
Armen teilen. Darnach gab er dem König gute Lehre
und sprach, er sollte vier Dinge halten: daß er die Kirche in seine Hut nehme, die Priester ehre, fleißig
Messe höre und der Armen sei eingedenk. Darnach
küßte er den König und ritt hinweg. ...

Hieronymus war der Sohn eines edlen Mannes mit Namen Eusebius, und war geboren von der Stadt Stridon, die an der Grenze von Dalmatien und Pannonien liegt. In seinen jungen Tagen fuhr er gen Rom und lernte Griechisch, Hebräisch und Latein gar vollkommen, Grammatica lehrte ihn Donatus, Rhetorica Victorinus der Redner; in den heiligen Schriften aber übte er sich Tag und Nacht und schöpfte gierig daraus, und floß darnach über von ihrer Weisheit.

Zu einer Zeit da las er des Tages Tullium und des Nachts Platonem mit großem Fleiß, als er selbst in dem Briefe an Eustochium schreibet; denn die ungezierte Sprache der prophetischen Bücher gefiel ihm mit nichten; da stieß ihn mitten in den Fasten ein starkes Fieber an, daß all sein Leib kalt ward und nur in seiner Brust noch Lebenswärme war. Und da man schon sein Begräbnis bereitete, ward er plötzlich vor den Thron des Richters entrückt und ward gefragt, welches Glaubens er wäre. Antwortete er ›Ich bin ein Christ‹. Da sprach der Richter ›Du lügst, ich weiß, daß du ein Ciceronianus bist und kein Christ; denn wo dein Schatz ist, da ist auch dein Herz‹. Da mußte Hieronymus schweigen, und der Richter ließ ihn alsbald hart schlagen; da schrie Hieronymus auf und sprach ›Herr, erbarme dich meiner‹. Die dabei stunden, baten den Richter, er möchte dem Jüngling verzeihen. Und er selbst hub an zu schwören und sprach ›Herr, so ich je wieder weltliche Bücher lese, das soll sein als ob ich dich verleugnete‹. Als er diesen Schwur getan, kam er wieder zu sich, fand sich ganz in Tränen gebadet, und

seine Schultern waren voll blauer Flecke von den
Schlägen, die er vor Gericht empfangen hatte. Von
Stund an las er die heiligen Bücher mit demselben
Fleiß, mit dem er zuvor die Bücher der Heiden hatte
gelesen. ... Darnach fuhr er in die Wüste, da litt er viel
um Christi willen, als er selber schreibet an Eustochium ›Da ich in der Wüste war, in der großen Einsamkeit, welche den Mönchen eine fürchterliche Wohnung
ist, von den Strahlen der Sonne ausgebrannt, da
dünkte mir, ich wäre zu Rom in aller Lust und Freuden.
Meine Glieder waren rauh und unförmig in dem häre-
nen Sack, der mein Kleid war; meine Haut war unrein
und schwarz gebrannt als eines Mohren Haut. Alle Zeit
war ich in Tränen und Seufzen. Unterweilen überkam
mich der Schlaf wider meinen Willen; so druckte das
harte Erdreich wider die dürren Glieder. Von Trank und
Speise will ich schweigen, da ja auch die Kranken kalt
Wasser trinken, und Gekochtes zu essen große Üppig-
keit wäre gewesen. Ob ich nun gleich ein Geselle war
der Scorpionen und ein Genosse der wilden Tiere, so
war ich im Geiste doch oft in dem Reigen schöner
Jungfrauen, und in dem kalten Leib und in dem halbto-
ten Fleisch tobte noch das Feuer sündlicher Begier.
Also weinte ich alle Zeit und zähmte das widerspen-
stige Fleisch durch wochenlanges Fasten. Ich weinete
oft Tag und Nacht und ließ nicht eher ab, die Brust zu
schlagen, bis mir von Gott Ruhe ward verliehen. So
fürchtete ich auch die Wände meiner Zelle, als wüßten
sie meine Gedanken; und ward mir selbst gram und
feind, und zog allein fürder in die Wüste. Des ist der Herr
mein Zeuge, daß ich darnach nach vielen Tränen unterweilen in dem Reigen der Engel vermeinte zu sein‹.

Nachdem er vier Jahre lang daselbst also in Buße hatte gelebt, da kam er wieder in die Stadt Bethlehem und lief daselbst zu der Krippe des Herrn, als ein klug Tier, daselbst zu wohnen. Da las er in seinen eigenen Büchern, die er sich mit großem Fleiß hatte gesammelt, und in anderen Büchern, oft ohne Speise bis zum Abend. Er sammelte daselbst viele Jünger um sich; und lebte fünfundfünfzig Jahre und sechs Monate in heiligem Vorsatz und in der Übersetzung der Schrift, und vollbrachte sein Leben in jungfräulicher Reinheit. ...

Einsmals saß Sanct Hieronymus des Abends mit den Brüdern, die heilige Schrift zu hören; da kam ein Löwe hinkend in das Kloster. Die anderen Brüder flohen, da sie ihn sahen, Hieronymus aber ging ihm entgegen als einem Gast. Der Löwe wies ihm den wunden Fuß, da rief Hieronymus den Brüdern und gebot ihnen, den Fuß zu waschen und mit Fleiß nach der Wunde zu suchen. Das taten sie und fanden, daß ihn ein Dorn hatte gestochen. Sie pflegten ihn mit Fleiß, und der Löwe ward so zahm und heimlich, daß er mit ihnen lebte gleich einem Haustier. ...

Es schreibt Johannes Beleth, daß der Kaiser Theodosius den Papst Damasus bat, daß er einen gelehrten Mann das kirchliche Amt ordnen hieße; denn vor der Zeit sang in der Kirche ein jeglicher, was er wollte. Nun wußte der Papst, daß Sanct Hieronymus in der lateinischen, griechischen und hebräischen Sprache wohl gelehrt und in aller Weisheit vollkommen sei; darum übertrug er ihm das Amt. Hieronymus aber teilte den Psalter nach den Festtagen und ordnete jeglichem Festtage seine eigne Nocturn zu; und setzte fest, daß am Ende eines jeglichen Psalmen das Gloria Patri würde gesprochen. Das schreibt Sigebertus. Darnach ordnete er die Episteln und die Evangelien alle, wie sie nach dem Lauf des Jahres wären zu lesen, und alles andere, was zum Amt gehört, ohn den Gesang. Das sandte er von Bethlehem dem Papst, der bestätigte es mitsamt seinen Cardinälen und gebot, daß man es ewiglich sollte halten.

Hienach bauete sich Sanct Hieronymus ein Grab in dem Eingang der Höhle, da der Herr in der Krippe hatte gelegen. Daselbst ward er begraben, nachdem er neunzig Jahr und sechs Monate hatte vollendet. ...


### Johannes und die Barmherzigkeit

Johannes der Almosner war ein Patriarch zu Alexandria in der Stadt. Eines Nachts, da er an seinem Gebete lag, sah er eine gar schöne Jungfrau bei sich stehn, die hatte ein grünes Kränzlein auf dem Haupt von Blättern des Ölbaumes. Da er sie sah, verwunderte er sich über die Maßen, und fragte, wer sie wäre. Sie antwortete ›Ich bin die Barmherzigkeit, die den Sohn Gottes vom Himmel auf die Erde hat gezogen; und du sollst mich zu einer Braut nehmen, so wird dir gar wohl‹. Da verstund er, daß der Ölzweig die Barmherzigkeit bedeute, und ward von dem Tage an also barmherzig, daß man ihn Eleymon nannte, das ist gesprochen ein Almosner. Er nannte die Armen allezeit seine Herren; daher heißen noch jetzt die Spitalherren arme Leute ihre Herren. Darnach rief er seine Diener zusammen und sprach ›Geht durch die ganze Stadt und schreibet mir in ein Buch alle meine Herren‹. Da verstunden sie nicht, welche Herren er meinte. Und er sprach ›Welche ihr Arme heißet und Bettler, die nenne ich meine Herren und Helfer; denn sie mögen uns wahrlich helfen und uns das Himmelreich erwerben‹.

Wann er die Menschen wollte ziehen zur Barmherzigkeit, so sagte er ihnen dieses Beispiel ›Es saßen einst arme Menschen an der Sonne, daß sie sich wärmten, und redeten untereinander von den Almosengebern; und rühmten die Guten und schmähten die Bösen. Da war ein reicher und mächtiger Zöllner in der Stadt, Petrus mit Namen, der war gar unbarmherzig gegen die Armen, und wer von ihnen an seine Tür klopfte, der ward mit Schelten davongejagt; von dem hatte noch keiner ein Almosen empfangen. Da sprach einer von den Bettlern ›Was wollt ihr mir geben, so ich diesem Kargen noch heute ein Almosen abgewinne?‹ Also machten sie mit ihm einen Pakt, und er lief hin vor des Geizigen Tür und bat das Almosen. Und da er eine Weile gesessen hatte, kam der karg Peter heim. Als der des Bettlers gewahr ward, sah er sich um nach einem Stein, damit er ihn würfe; da fand er keinen. Alleweil trug sein Knecht einen Korb Weizenbrote in das Haus; da riß er ein Brot aus dem Korb und warf es auf den Armen in großem Grimm. Der hob es schnell auf und lief damit zu seinen Gesellen und rühmte sich, er hätte das Brot von des Zöllners Hand empfangen. Darnach über zwei Tage ward der Zöllner siech bis auf den Tod. Da träumte ihm, er stünde vor Gericht, und etliche Mohren legten alle seine Sünde auf die eine Schale einer Wage; auf der andern Seite stunden Etliche in

weißen Kleidern, die waren gar betrübt, denn sie hat- **181**
ten nichts auf die Wagschale zu legen. Endlich sprach
einer ›Wir finden wahrlich nichts anderes, denn dies
Weizenbrot, das er vor zwei Tagen Christo gab wider
seinen Willen‹. Sie legten es auf die Wage: da stunden
die Schalen gleich. Die in den weißen Kleidern aber
sprachen zu dem Zöllner ›Lege mehr guter Werke zu
dem Brot, sonst packen dich die schwarzen Mohren‹.
Als der Zöllner am andern Morgen erwachte, war er
gesund; und sprach bei sich ›Ei, wenn ein Brot mir also
wohl zu statten ist kommen, das ich im Zorn geworfen
hab, wie nütze mag es dann sein, so ich all mein Gut
mit Willen Gott gebe!‹ Eines Tages ging er auf der
Straße gar köstlich gekleidet mit seinen besten Kleidern, da begegnete ihm ein Schiffbrüchiger und bat
um etwas, damit er seine Blöße decke. Alsbald zog er
sein köstlich Gewand aus und gab es ihm; der Arme
aber ging hin und verkaufte das Kleid. Da nun der Zöllner wieder desselbigen Weges ging, sah er sein Kleid
aufgehängt zum Verkauf. Des betrübte er sich gar sehr
und mochte vor Leid des Tages weder essen noch trinken; und sprach bei sich ›Ach ich bin nicht würdig, daß
der Arme mein gedachte bei dem Kleide‹. Aber da er
des Nachts entschlief, sah er Einen, der strahlte lichter
denn die Sonne und hatte ein Kreuz auf seinem Haupt:
der war mit dem Gewand gekleidet, das er dem Armen
hatte gegeben; und sprach zu ihm ›Peter, warum wei-
nest du?‹ Da sagte er ihm, warum er traurig sei. Sprach
jener ›Kennst du dieses Kleid?‹ Antwortete Petrus ›Ja
Herr, ich kenne es wohl‹. Da sprach unser Herr ›Siehe,
mit diesem Kleide bin ich bekleidet, weil du es mir
gegeben hast, und danke dir deines guten Willens:

denn ich habe gefroren und du hast mich gekleidet‹. Als Petrus erwachte, da war er froh; und pries die Armen und sprach ›Der Herr lebt, und ich mag nicht sterben, bis daß ich bin wie ihrer einer‹. Also gab er den Armen alles, was er hatte. Und ließ seinen Schreiber kommen und sprach zu ihm ›Ich will dir etwas Heimliches sagen: verrätst du das oder tust du nicht, was ich dir sage, so verkaufe ich dich in die Heidenschaft‹. Und gab ihm zehn Pfund Goldes und sprach ›Ziehe hin in die heilige Stadt und kaufe dir Ware ein, mich aber verkaufe an einen Christen, und teile das Geld, das du davon lösest, unter die Armen‹. Der Schreiber wollte es nicht tun. Er aber sprach ›Erfüllst du meinen Willen nicht, so verkaufe ich dich den Heiden‹. Also führte der Schreiber seinen Herrn mit sich in schlechten Kleidern als seinen Knecht und verkaufte ihn einem Silberschmied um dreißig Silberlinge, und teilte das Geld unter die Armen. Petrus aber tat auf seines Herrn Hof die niedrigsten Dienste, also daß ihn jedermann verachtete, und das andere Gesinde seinen Spott mit ihm hatte, und schlugen und stießen ihn, und hießen ihn einen Narren. In dieser Demütigkeit erschien ihm unser Herr gar oft, und zeigte ihm das Kleid und die dreißig Silberlinge zu einem Trost. Der Kaiser aber und das ganze Land klagten den Verlust dieses Mannes. Nun geschah es, daß etliche seiner Nachbarn von Constantinopel kamen, die heiligen Stätten zu besuchen, und wurden von Petrus Herrn zu Tische geladen. Und da sie über Tische saßen, rannte einer dem andern ins Ohr ›Wie ähnlich ist doch dieser Knecht Peter dem Zöllner‹ und sahen ihn mit Fleiß an. Da sprach einer ›Wahrlich er ist's, ich will aufstehen und ihn halten‹. Das merkte

Petrus und stahl sich heimlich weg. Da war ein Pfört-
ner, der war stumm und taub, und wer aus oder ein
wollte gehn, der mußte ihm ein Zeichen geben. Des
Zeichens vergaß Petrus vor großem Eilen und sprach
›Tu auf das Tor‹. Da hörte der Taubstumme plötzlich
und konnte reden, und gab ihm Antwort und schloß
fröhlich das Tor auf. Und lief bald in das Haus zu den
Gästen; und da sie sich alle über ihn verwunderten,
sprach er ›Peter der Küchenknecht ist eilends hinweg-
gegangen, aber sehet zu, ob er nicht Gottes Knecht ist:
denn da er zu mir sprach ›Ich sage dir, tu auf das Tor‹,
da ging eine feurige Flamme aus seinem Mund, die
berührte meine Zunge und meine Ohren, und alsbald
konnte ich hören und reden‹. Da sprangen sie alle auf
und liefen nach ihm aus, aber sie konnten ihn nicht
mehr finden. Da taten alle, die in dem Hause waren,
Buße, daß sie den heiligen Menschen so schmählich
hatten gehandelt‹. ...

## Leonhard, der Befreier der Gefangenen

Leonardus soll gelebt haben um das Jahr des Herrn
500. Von Sanct Remigius, dem Erzbischof von Reims,
ward er aus der heiligen Taufe gehoben; der lehrte ihn
auch heilsame Lehre. Seine Eltern wurden gehalten
als die ersten in dem Palast des Königs von Frankreich.
Er selbst war bei dem König in solchen Gnaden, daß
alle Gefangenen, die er besuchte, alsbald ledig wurden
gelassen. Da nun der Ruf seiner Heiligkeit wuchs,
zwang ihn der König, daß er lange Zeit bei ihm blieb,

bis er zu guter Zeit ihm ein Bistum möchte geben. Das verschmähte er aber, denn sein Sinn stund nach der Einsamkeit; darum ließ er alles, und zog mit seinem Gesellen Liphardus mit Predigen gen Orleans. Daselbst lebten sie etliche Zeit in einem Kloster; hienach schieden sie von einander mit Küssen, denn Liphardus wollte an den Ufern der Loire als ein Einsiedler bleiben, Leonardus aber wollte auf Anmahnung des heiligen Geists in Aquitania predigen. Also predigte Leonardus allenthalben, tat Wunder, und wohnte in einem Walde nahe bei der Stadt Limoges. Da war auch ein Schloß des Königs, welches für die Jagd war gebaut worden. Es geschah eines Tages, daß der König daselbst jagte, und war die Königin um Kurzweil mit dahin gefahren. Da ward ihr unversehens weh zu einem Kinde, und war in großen Nöten; des klagte der König mit allem seinem Gesinde. Und da Leonardus von ungefähr durch den Wald ging, hörte er die Stimmen der Klagenden, und ging hinzu in großem Mitleiden; und da der König ihn rief, trat er alsbald zu ihm ein. Der König fragte ihn, wer er wäre; und da er hörte, daß er Sanct Remigii Jünger sei gewesen, gewann er ein gut Vertrauen; denn er schätzte, daß er von dem großen Meister gar trefflich müßte gelehrt sein. Also führte er ihn zu der Königin und bat ihn, daß er ihm mit seinem Gebet sein Weib wiedergebe und einen Sohn erwürbe, und ihm also zwiefache Freude spende. Da betete der Heilige, und ward seiner Bitte alsbald gewährt. Der König bot ihm einen großen Schatz Goldes und Silbers; er aber wollte es nicht nehmen, und mahnte ihn, daß er es sollte den Armen geben; und sprach ›Von allem diesem bedarf ich nichts: ich begehre nichts anderes,

denn allein zu wohnen in dieser Wälder einem, daß ich
fern von allen Schätzen der Welt Gott dem Herrn möge dienen‹. Da wollte ihm der König den ganzen Wald geben, er aber sprach ›Den ganzen Wald mag ich nicht nehmen, ich begehre allein soviel, als ich in einer Nacht mit meinem Esel umreiten mag‹. Das gewährte ihm der König mit Freuden. Also bauete er sich an der Stätte ein Kloster, und lebte daselbst mit zween Mönchen, die sich ihm hatten gesellt, in großer Enthaltsamkeit. Da aber das Wasser von ihnen eine Meile Wegs entfernt war, ließ der Heilige einen trockenen Brunnen in die Tiefe graben; und da er betete, ward er voll Wassers. Die Stätte selbst aber nannte er Nobiliacum, weil sie von einem edlen König ihm war gegeben worden. Daselbst wirkte er große Wunder. Denn welcher Gefangene seinen Namen im Gefängnis anrief, des Fesseln rissen alsbald und er ging frei davon, ohne daß jemand ihn hindern mochte; und kam zu dem Heiligen, und brachte ihm seine Fesseln oder Ketten dar. ...

Der Graf von Limoges hatte zum Schrecken der Übeltäter eine große Kette lassen machen, die an einer Stange auf seinem Turme war aufgehängt. An die Kette ward jeglicher Bösewicht mit dem Hals gehängt, und ward also allen Unbilden des Wetters ausgesetzt, daß er nicht von einem, sondern von tausend Toden geängstigt ward. Nun geschah es auch, daß ein Knecht Sanct Leonardi unschuldig an diese Kette gebunden ward. Da er nun schon fast seinen Geist aufgab, bat er mit aller Inbrunst, so er mochte, Sanct Leonhard, daß er, der andere erlöst hätte, auch ihm seinem Diener zu Hilfe käme. Da erschien ihm Sanct Leonhard alsbald in einem weißen Gewande und sprach zu ihm ›Fürchte dich nicht, denn du sollst nicht sterben; sondern hebe dich auf und trag diese Kette mit dir zu meiner Kirche: folge mir nach, so will ich vor dir hergehen‹. Also stund er auf und folgte Sanct Leonhard, der voranging, mit der Kette nach bis zu seiner Kirche. Als sie an der Tür waren, verließ ihn der Heilige; er aber ging hinein in die Kirche, die Sanct Leonardus sich hatte erbaut, und erzählte das Wunder allem Volk, und hängte die große Kette vor seinem Grabe auf.

Es wohnte ein Mann zu Nobiliacum an Sanct Leonardi Stätte, der war dem Heiligen gar getreu; derselbe ward von einem Tyrannen gefangen. Da gedachte der Tyrann bei sich ›Dieser Leonhard erlediget alle, die gebunden sind, und die Kraft des Eisens schmilzt vor ihm wie Wachs vor dem Feuer; feßle ich nun den Menschen mit Ketten, so wird alsbald Leonardus da sein und ihn erlösen; vollbring ich aber, daß ich sein hüte, so mag man ihn mir wol lösen um tausend Schillinge. So weiß ich, was ich tu: ich mache in meinem Turm eine tiefe Grube, und senke den Menschen mit Fesseln beschwert da hinein, darauf so setze ich eine hölzerne Hütte, und lege darein gewaffnete Ritter; denn zerbricht Leonardus auch Eisen, so drang er doch nimmer unter die Erde‹. Also vollbrachte er alles nach seinem Bedünken; der Mensch aber rief ohn Unterlaß Sanct Leonardum an. Da kam der Heilige des Nachts, stieß die Hütte um, darin die Ritter lagen, und begrub sie darunter als die Toten in einem Grab. Darnach fuhr er mit großem Glanz in die Höhle, nahm die Hand seines Getreuen und sprach zu ihm ›Schläfst du oder wachst du? Da bin ich, Leonardus, des du begehrest‹. Der

Mensch verwunderte sich und sprach ›Herr, hilf mir‹.
Da zerbrachen die Ketten alsbald, und der Heilige
nahm ihn und trug ihn in seinen eigenen Armen aus
dem Turm, und führte ihn darnach wieder an seinen
Ort und in sein Haus und sprach gütlich mit ihm, als
der Freund spricht mit dem Freunde. ...

## Maria, die Ägypterin, Büßerin im Haarkleid

Es geschah, daß ein Abt, Zosimas mit Namen, über
den Jordan ging und durch die Wüste zog, ob er einen
heiligen Altvater fände. Da sah er einst ein menschli-
ches Wesen: sein Leib schien nackt und von der Sonne
ganz schwarz gebrannt. Das war Maria Aegyptiaca, die
floh alsbald, da sie ihn sah; Zosimas aber eilte ihr
nach. Da rief sie ›Abt Zosimas, warum verfolgest du
mich? Vergieb mir, aber ich mag mein Angesicht nicht
zu dir wenden, denn ich bin ein Weib und nackend.
Aber reiche mir deinen Mantel, daß ich mich damit
bedecke und dich ohne Scham mag ansehen‹. Da Zosimas sich bei Namen nennen hörte, verwunderte er
sich, warf ihr den Mantel zu, und fiel vor ihr nieder auf
die Erde, und bat um ihren Segen. Sie aber sprach
›Vielmehr sollst du mich segnen, Vater, denn dich ziert
priesterliche Würdigkeit‹. Als er sah, daß sie auch sein
priesterliches Amt wußte, verwunderte er sich noch
mehr und bat dringender um ihren Segen. Da sprach
sie ›Gelobt sei Gott, unsrer Seelen Erlöser‹. Und da sie
mit ausgebreiteten Händen betete, sah er, wie sie eine
Elle hoch von der Erde ward aufgehoben. Da ward der

Greis zweifelhaftig, ob es nicht etwan ein Geist wäre, der ihn mit dem Gebet wolle betrügen. Sie aber sprach ›Das verzeihe dir Gott, daß du mich arme Sünderin für einen unreinen Geist haltest‹. Da beschwor Zosimas sie bei Gott, daß sie ihm sage, wer sie sei. Sie antwortete ›Vater, vergib mir, aber wenn ich dir sage, wer ich bin, so wirst du vor mir fliehen, wie vor einer Schlange: meine Worte werden deine Ohren beleidigen und die Luft entreinen‹. Zosimas aber beharrte bei seiner Bitte; da hub sie an zu erzählen:

›Wisse, Bruder, ich bin in Ägyptenland geboren, und da ich zwölf Jahre alt war, kam ich nach Alexandria, und gab mich in die offene Sünde der Welt. In dem Leben war ich siebenzehn Jahre, und weigerte niemandem meinen Leib. Da einst das Volk jenes Landes nach Jerusalem wollte fahren, das heilige Kreuz anzubeten, ging ich hin und bat die Schiffleute, daß sie mich mit sich nähmen. Und da sie mich um den Schifflohn fragten, antwortete ich ›Den kann ich euch nicht geben, aber nehmt meinen Leib und macht euch mit dem bezahlt‹. Also nahmen sie mich mit und mein Leib war ihnen das Fährgeld. Aber da ich nun nach Jerusalem kam und mit den anderen Pilgern in die Kirche wollte gehn, das heilige Kreuz anzubeten, siehe, da ward ich plötzlich an der Tür von einer unsichtbaren Macht zurückgestoßen und mochte nicht hineintreten. Und jegliches Mal, da ich wieder zu der Tür kam, ward ich an der Schwelle zurückgestoßen. Da ich sah, wie die andern alle ungehindert eingingen und kein Hemmnis fanden, verstund ich wohl, daß meine große Unreinigkeit daran schuld war. Da zerschlug ich meine Brust und weinte bitterlich und erseufzte aus Grund meines

Herzens. Aber da ich von ungefähr die Augen aufhub, **189**
sah ich daselbst unserer Frauen Bild gemalet. Zu der
betete ich mit bittern Tränen, daβ sie mir Vergebung
meiner Sünden erwürbe und mich eingehen lasse zum
heiligen Kreuz, daβ ich es anbete; ich gelobte ihr auch,
ich wollte mich der Welt abtun und hinfort in Reinigkeit leben. Und da ich solches hatte getan, faβte ich
rechtes Vertrauen zur heiligen Jungfrau, ging zur Tür
der Kirche und konnte eintreten ohne alles Hindernis.
Und ging hinein und betete das heilige Kreuz an. Da
kam ein Mann, der gab mir drei Groschen; dafür kaufte
ich mir drei Brote. Und hörte eine Stimme, die sprach
›Geh über den Jordan, so bist du gerettet‹. Also ging
ich über den Jordan und kam in diese Wüste, da lebe
ich nun siebenundvierzig Jahre, und habe in der Zeit
keinen Menschen gesehen. Die drei Brote, die ich einst
mit mir nahm, sind in der Zeit hart wie Stein geworden,
aber sie reichten die siebenundvierzig Jahre zu meiner
Nahrung hin; meine Kleider aber sind mir längst vom
Leibe gefault. Siebenzehn Jahre bin ich in dieser Wüste
noch von fleischlicher Anfechtung gepeinigt worden,
aber ich habe sie besiegt mit der Hilfe Gottes. Siehe,
dieses ist meine Geschichte, ich habe dir alles erzählt;
du aber bitte Gott für mich‹.
Da fiel der Greis nieder zur Erde und lobte Gott in seiner Dienerin. Sie aber sprach ›Ich beschwöre dich, daβ
du an dem Tag des Abendmahls des Herrn wieder zum
Jordan kommest, und mit dir tragest den Leib des
Herrn. Ich will dir entgegengehen und von deiner Hand
den heiligen Leib empfangen; denn seit dem Tage, da
ich hieher kam, habe ich des heiligen Sacraments ent-
behret‹. Der Greis kehrte in sein Kloster zurück. Und

über ein Jahr, da der grüne Donnerstag nahete, machte er sich auf und trug die heilige Hostie mit sich. Da er zum Jordan kam, sah er das Weib am anderen Ufer stehen, und da sie das Kreuzeszeichen gemacht hatte, schritt sie über das Wasser und kam so zu dem Greis. Der erschrak, als er das sah, und fiel ihr demütig zu Füßen. Sie aber wehrte ihm und sprach ›Vater, tue das nicht, denn du bist ein Priester und trägst den Leib des Herrn; aber ich bitte dich, daß du übers Jahr wiederum zu mir kommest‹. Darnach machte sie das Kreuz und schritt wiederum über den Jordan und verschwand in der Wüste. Der Greis kehrte in sein Kloster zurück. Und kam übers Jahr wieder zu dem Ort, da sie das erste Mal mit ihm hatte geredet; und fand sie tot liegen. Da hub er an zu weinen, aber er wagte sie nicht anzurühren, und sprach bei sich ›Ich möchte wol den heiligen Leib begraben, aber ich traue mich nicht, und fürchte, es geschehe wider ihren Willen‹. Als er solches bedachte, sah er neben ihrem Haupt Buchstaben in den Sand geschrieben und las ›Zosima, begrabe meinen Leib, gieb der Erde das ihre wieder, und bete für mich zu Gott, nach des Willen ich von dieser Welt geschieden bin am zweiten Tag des April‹. Da merkte der Greis, daß sie alsbald gestorben war, da sie das Abendmahl hatte empfangen und wieder in die Wüste war gekehrt; und den Weg, den er in dreißig Tagen kaum mochte gelaufen sein, den war sie in einer Stunde gegangen; und war also zu Gott geschieden. Nun hub er an, in der Erde zu graben, daß er ihr ein Grab mache; aber er vermochte es nicht; da sah er einen Löwen sanftmütig zu ihm gehen, zu dem sprach er ›Die heilige Frau hat geboten, ihren Leib hie zu bestatten, ich aber bin alt

und schwach und habe nichts, damit ich graben
möchte. Du aber grabe das Grab, damit wir den heiligen Leib darein legen‹. Da hub der Löwe an zu graben, und grub ein Grab; und ging darnach wieder von dannen, sanft wie ein Lamm. Der Greis aber kehrte in sein Kloster zurück und lobte Gott.


## Margarita alias Pelagius

*Wie sich doch die Zeiten geändert haben seit dem Märtyrertod der heiligen Jungfrauen! Nun ist es der Götze Keuschheit, der zum Verhängnis wird.*

Margarita, die auch Pelagius ist genannt, war eine gar schöne Jungfrau, reich und adelig, und ward von ihren Eltern mit Fleiß bewacht und in guten Sitten unterwiesen; und war also voller Scham, daß sie nimmer von den Männern wollte gesehen sein. Zuletzt ward sie von einem edlen Jüngling zur Ehe begehrt, und da die Eltern beide darein willigten, ward die Hochzeit bereitet mit großer Pracht und Köstlichkeit. Da nun der Hochzeitstag nahete und alle Jünglinge und Jungfrauen und die Edelsten der Stadt vor dem Brautgemach, das da bereit war, die Hochzeit mit großen Freuden begingen, da gab Gott der Jungfrau in ihren Sinn, daß sie betrachtete, wie doch der Verlust der Jungfrauschaft mit solch schändlichem Jubel der andern bereitet werde. Und warf sich zur Erde nieder mit Tränen und wog in ihrem Herzen die Glorie der Jungfräulichkeit und die Beschwerde des ehelichen Standes, also daß alle Freude dieses Lebens ihr erschien als ein Mist. Und enthielt sich die Nacht von der Gemeinschaft mit ihrem Gemahl, und empfahl sich Gott; und floh um Mitternacht heimlich mit geschorenem Haar und in Manneskleidern. Also kam sie fernhin zu einem Kloster, daselbst nannte sie sich Bruder Pelagius, und ward von dem Abte aufgenommen und mit Fleiß gelehrt. Und lebte gar heilig und fromm; darum setzte man sie, da der Fürseher eines Nonnenklosters war gestorben, nach dem Rat der Ältesten und auf des Abtes Gebot über das Nonnenkloster wider ihren Willen. Also versah sie ohn Unterlaß und ohne Makel die Jungfrauen mit leiblicher und auch mit geistlicher Speise. Das neidete ihr der Teufel und trachtete, wie er ihren glückhaften Weg mit dem Schein einer Missetat möchte irren. Also verführte er eine Nonne zur Unzucht, die draußen wohnte vor dem Tore; und da ihr Leib schwoll und es nicht länger mochte verborgen sein, da wurden die Mönche und Nonnen beider Klöster also von Schmerz und Scham verstört, daß sie allein Pelagium schuldig wähnten; denn er war allezeit heimlich mit den Nonnen und war ihr Oberer; und verdammten ihn ohne Verhör und Urteil, und stießen ihn mit Schimpf aus dem Kloster und schlossen ihn in eine Felsenhöhle und gaben ihm den strengsten der Mönche zu, daß er ihm täglich ein klein Gerstenbrot bringe und ein Weniges Wassers. Da die Mönche das getan hatten, gingen sie wieder von dannen und ließen Pelagium daselbst allein. Der ertrug es alles geduldig und ward davon nicht geirret; sondern er dankte Gott und stärkte sich an dem Beispiel der Heiligen. Da er endlich merkte, daß sein Ende nahe sei, sandte er dem Abt und den

Mönchen einen Brief, darin stund geschrieben ›Ich bin von edlem Geschlecht geboren und war in der Welt Margarita genannt. Daß ich mich retten möchte aus dem Meer der Versuchungen, so nannte ich mich Pelagius, das ist gesprochen Meermann. Ich habe mich nicht schalklich für einen Mann ausgeben, daß ich euch möchte betrügen: das habe ich durch meine Werke wohl bewährt. Aus der Missetat ist mir Tugend kommen, da ich unschuldig mußte büßen. Doch bitte ich eines jetzund: daß ich, die von den Männern nicht wurde erkannt, bestattet werde von den heiligen Schwestern: das sei eine Versühnung meinem Leben und ein Zeichen in meinem Tod, daß Frauen die Jungfrau sollen erkennen, die sie mit Lüge als unzüchtig haben geurteilt‹. Als das vernommen ward, eilten die Mönche mit den Nonnen zu der Höhle; da ward Pelagius von den Frauen als ein Weib erfunden und als eine Jungfrau unberührt. Da taten sie alle Buße und begruben sie in der Nonnen Kloster mit großen Ehren.

Martinus ist zu Pannonien geboren von der Stadt Sabaria, doch ward er erzogen zu Pavia in Italien. Sein Vater war der Ritterschaft Meister, mit dem kämpfte er unter den Kaisern Julianus und Constantinus, doch nicht von eigenem Willen, denn er war von seiner Jugend auf voll göttlicher Gnaden. Da er zwölf Jahre alt war, lief er wider der Eltern Willen in der Christen Gesellschaft und ließ sich den Glauben lehren; und wäre darnach auch in die Wüste gegangen, wenn nicht die Schwachheit seines Leibes dem hätte widerstanden. Nun hatten die Kaiser das Gebot gegeben, daß die Söhne der alten Ritter für ihre Väter sollten kriegen; also geschah, daß Sanct Martinus seines Alters im fünfzehnten Jahr mußte Ritterschaft an sich nehmen. Er ritt nicht mehr denn mit einem Knecht, demselben diente er mehr, denn ihm der Knecht diente, und zog ihm oft seine Schuh ab und putzte sie. Es geschah an einem Wintertag, daß er ritt durch das Tor von Amiens, da begegnete ihm ein Bettler, der war nackt und hatte noch von niemandem ein Almosen empfangen. Da verstund Martinus, daß von ihm dem Armen sollte Hilfe kommen; und zog sein Schwert und schnitt den Mantel, der ihm allein noch übrig war, in zwei Teile, und gab die eine Hälfte dem Armen, und tat selber das andere Teil wieder um. Des Nachts darnach sah er Christum für ihn kommen, der war gekleidet mit dem Stücke seines Mantels, das er dem Armen hatte gegeben. Und der Herr sprach zu den Engeln, die um ihn stunden, ›Martinus, der noch nicht getauft ist, hat mich mit diesem Kleide gekleidet‹. Davon ward aber der Heilige nicht hoffärtig, sondern er erkannte Gottes Güte; und ließ sich taufen, da er seines Alters war achtzehn Jahre. Doch blieb er auf seines Meisters Bitten noch zwei Jahre lang bei der Ritterschaft; dafür gelobte ihm dieser, daß er ›der Welt wolle absagen, wenn sein Amt um wäre. Zu den Zeiten fielen die Barbaren in Gallien ein; da zog der Kaiser Julianus wider sie zu Streit, und gab seinen Rittern großen Lohn. Martinus aber wollte fürder nicht kämpfen, und wollte des Geldes nicht empfahen, sondern sprach zu dem Kaiser ›Ich bin ein Ritter Christi, darum ziemt mir nicht zu kämpfen‹. Da sprach Julianus voll Unmuts, er ließe den Dienst nicht um seines Glaubens willen, sondern aus Furcht vor dem drohenden Kriege. Da antwortete ihm Martinus mit unverzagtem Sinn ›Mißt man dies meiner Feigheit zu und nicht meinem Glauben, so will ich mich morgenden Tages bloß von Waffen vor das Heer stellen, und mit dem Kreuz allein statt Schild und Helm beschirmt im Namen Christi unversehrt durch die Scharen der Feinde brechen‹. Also ward geboten sein zu hüten, daß er ohne Waffen, als er sich hatte vermessen, werde den Barbaren entgegengestellt. Doch des anderen Tages sandten die Feinde Boten und gaben sich und alles ihr Gut in des Kaisers Hand. Und ist nicht zu zweifeln, daß dieser unblutige Sieg um der Verdienste des Heiligen willen verliehen ward. Darnach ließ Martinus die Ritterschaft, und kam zu Sanct Hilarius, dem Bischof von Poitiers, der weihte ihn zum Acolyten. Da ward er des Nachts im Traum vom Herrn ermahnt, seine Eltern zu besuchen, die annoch Heiden waren. Und da er sich auf den Weg machte, sagte er zuvor, daß er viel Widerwärtigkeit leiden sollte. Also fiel er in den Alpen unter die Räuber; da aber einer ihm mit der Axt nach dem Haupte schlug, hielt ein anderer die Hand des Schlagenden auf. Doch banden sie ihm die Hände auf den Rücken und gaben ihn der Räuber einem zu hüten. Der fragte ihn, ob er nicht in großer Furcht wäre gewesen. Antwortete Martinus ›Ich war nie so sicher, denn Gottes Erbarmen ist in der Not am nächsten‹. Und hub an und predigte dem Räuber, und bekehrte ihn zum Christenglauben. Da führte der Räuber Martinum wieder auf die rechte Straße, und endete darnach sein Leben in guten Werken. Da Sanct Martinus bei Mailand war vorüber gezogen, begegnete ihm der Teufel in menschlicher Gestalt, und fragte ihn, wohin er führe. Der Heilige antwortete ›Ich gehe, dahin mich Gott ruft‹. Sprach der Teufel ›Wohin du gehen magst, so wird der Teufel dir allezeit widerstehen‹. Antwortete Martinus ›Der Herr ist mein Helfer, ich fürchte nicht, was mir ein Mensch tut‹. Da verschwand der Teufel alsbald. Darnach bekehrte Sanct Martinus seine Mutter; der Vater aber beharrte in seinem Irrglauben. ...

Zu den Zeiten hatte das Volk von Tours keinen Bischof, und bat Sanct Martinum, daß er ihr Bischof möchte sein, dem widerstund er gar sehr. Etliche aber von denen, die da versammelt waren, widerredeten seiner Wahl, weil er häßlich sei von Gebärde und garstig von Angesicht. Unter ihnen war sonderlich einer mit Namen Defensor, das ist gesprochen ›der Verteidiger‹. Da nun kein Lector da war, nahm einer das Psalterium und las den ersten Psalm, den er aufschlug. Das war der Vers ›Aus dem Munde der Kinder und Unmündigen, hast du dir ein Lob zugerichtet, Herr, daß du zer-

störest den Feind und den Verteidiger‹ (Ps. 8,3). Von
diesem Spruch ward Defensor überwunden und von
allen verworfen. Also ward Martinus zum Bischof geweiht; doch mochte er den Lärm des Volkes nicht erleiden, darum bauete er sich fast zwei Meilen vor der
Stadt ein Kloster, darin wohnte er mit achtzig seiner
Schüler in einem gestrengen Leben. Da trank niemand
Wein, er wäre denn siech, und weichlich Gewand ward
eine Sünde geachtet. Von dem Kloster nahmen viele
Städte ihre Bischöfe. ...

Dem Mönch Severus aber, der sein Leben beschrieben
hat, geschah es, daß er nach der Frühmette in einen
leichten Schlaf fiel, als er selbst in einem Briefe bezeugt; da erschien ihm Sanct Martin in weißem Gewande, mit feurigem Angesicht, seine Augen blinkten
als die Sterne und sein Haar war wie Purpur; er hielt
das Buch in seiner Rechten, das Severus von seinem
Leben hatte geschrieben, segnete ihn und stieg darnach wieder auf gen Himmel; und da Severus mit ihm
wollte aufsteigen, erwachte er. Nicht lange darnach kamen Boten und sagten ihm, daß Sanct Martin in derselbigen Nacht gestorben sei. ...

*Es soll ihn wirklich gegeben haben, den heiligen Nikolaus vom*
*6. Dezember. Aber er würde sich gewiß sehr wundern, wüßte er,*
*was die Werbung heute aus ihm macht.*

Nicolaus ist geboren aus der Stadt Patera, von from-
men und reichen Eltern: sein Vater hieß Epiphanius,
seine Mutter Johanna. In der Blüte ihrer Jugend
schenkte Gott den Eltern dieses Kind; darnach lebten
sie keusch, in göttlicher Liebe.
Des ersten Tages, da man Sanct Nicolaus das Kindlein
baden sollte, da stund es aufrecht in dem Becken, und
wollte auch am Mittwoch und Freitag nicht mehr denn
einmal saugen seiner Mutter Brust. Als das Kind zu
Jahren kam, schied es sich von den Freuden der anderen Jünglinge und suchte die Kirchen mit Andacht; und
was er da verstand von der heiligen Schrift, das behielt
er mit Ernst in seinem Sinne. Als sein Vater und seine
Mutter tot waren, begann er zu betrachten, wie er den
großen Reichtum verzehre in Gottes Lob und nicht zu
der Ehre der Menschen.
Da war ein Nachbar, edel von Geburt und arm an Gut,
der hatte drei Töchter, die wollte er in seiner Not in die
offene Sünde der Welt stoßen, daß er von dem Preis
ihrer Schande leben möchte. Als das Sanct Nicolaus
hörte, entsetzte er sich über die Sünde; und ging hin
und band einen Klumpen Goldes in ein Tuch und warf
ihn des Nachts heimlich dem Armen durch ein Fenster
in sein Haus und ging heimlich wieder fort. Da es Morgen ward, fand der Mann das Gold, dankte Gott, und
richtete davon der ältesten Tochter Hochzeit aus.

Nicht lange darnach tat Sanct Nicolaus dasselbige zum andern Mal. Als der arme Mann wiederum das viele Gold fand, lobte er Gott von Herzen und setzte sich vor, hinfort zu wachen, daß er den Diener Gottes fände, der ihm in seiner Armut so zu Hilfe käme.

Darnach kürzlich warf Nicolaus Goldes zweimal so viel in das Haus denn zuvor; da erwachte der Mann von dem Falle des Goldes und eilte dem Heiligen nach und rief ›Steh stille und laß mich dein Antlitz schauen‹ und holte ihn ein und erkannte, daß es Sanct Nicolaus war; und fiel vor ihm nieder und wollte ihm seine Füße küssen. Das wehrte ihm Nicolaus und gebot ihm, daß er diese Tat nicht sollte offenbar machen, so lange er lebte.

Nun war zu der Zeit der Bischof von Myra gestorben; da kamen viel Bischöfe zusammen, daß sie einen andern an seine Statt wählten. Unter ihnen war einer von großer Gewalt und Ansehen, an des Urteil stund das Auserwählen der Andern. Der ermahnte sie allesamt, daß sie in Fasten und Gebet verharren sollten; aber des Nachts kam eine Stimme zu ihm die sprach ›Du sollst zur Mettenzeit die Tür der Kirche behüten, und der erste Mensch, der zu der Kirche kommt, des Name auch Nicolaus ist, den sollst du zum Bischof weihen‹. Das tat er den andern kund und hieß sie mit Andacht im Gebet verharren, er selbst blieb an der Kirchentür und wartete. Nun fügte es Gott, daß zur Mettenzeit Sanct Nicolaus zuerst zu der Kirche gegangen kam vor allen andern. Da hielt ihn der Bischof an und sprach ›Wie heißest du?‹ Nicolaus neigte voll heiliger Einfalt sein Haupt und antwortete ›Ich bin genannt Nicolaus, ein Diener eurer Heiligkeit‹. Da führten sie ihn in die

Kirche, und setzten ihn, ob er sich gleich sträubte, auf den Bischofsstuhl. ...

Es geschah, daß Leute auf dem Meer fuhren, die kamen in große Not. Da riefen sie Sanct Nicolaus an und sprachen ›Nicolae, du Knecht Gottes, wenn das wahr ist, was wir von dir haben gehört, so laß uns deine Hilfe erfahren‹. Zustund erschien ihnen einer, der ihm gleich sah, und sprach ›Ihr rufet mir, hier bin ich‹. Und fing an und half ihnen an den Segeln und Stricken und anderem Schiffsgerät; alsbald war das Meer gestillt. Da sie nun zu Lande kamen, gingen sie zu seiner Kirche: und ob sie ihn gleich nie zuvor gesehen hatten, so brauchte ihn doch niemand ihnen zu weisen, und erkannten ihn alsbald. Sie dankten Gott und ihm für ihre Rettung. Er aber sprach ›Nicht ich, sondern euer Glaube uns Gottes Gnade haben euch geholfen‹.

Darnach ward ein großer Hunger in dem Lande, da Sanct Nicolaus Bischof war, und war keine Nahrung mehr weit und breit. Auf dieselbe Zeit ward Sanct Nicolaus gesagt, daß Schiffe mit Weizen wohl geladen in den Hafen eingelaufen wären. Da ging er hin und bat die Schiffleute, daß sie aus jeglichem Schiff nur hundert Maß Weizen wollten geben, die Hungernden zu retten. Antworteten die Schiffleute ›Vater, das trauen wir uns nicht zu tun, denn das Korn ist zu Alexandria gemessen, und also müssen wir es überantworten in die Scheuern des Kaisers‹. Da sprach Sanct Nicolaus ›Tut, was ich euch sage, und ich schwöre euch bei der Kraft Gottes, daß ihr keine Minderung haben werdet an eurem Korn gegen des Kaisers Kornmesser‹. Die Schiffleute erfüllten sein Gebot; und da sie vor die Diener des Kaisers kamen, hatten sie so viel Maß Kornes, als sie zu Alexandria eingenommen hatten. Da sagten sie das Wunder öffentlich und priesen den Herrn in seinem Knecht. Unterdes teilte Sanct Nicolaus das Korn unter das Volk nach eines jeden Bedürfnis, und von diesem wenigen Korn ward das ganze Land zwei Jahre gespeiset, und blieb noch genug zur Aussaat übrig.

## Franz von Assisi

*Mit Franz von Assisi, dem wohl bekanntesten und aktuellsten aller Heiligen, kommen wir in historische Zeit. Von ihm wissen wir trotz aller legendenhaften Züge, daß er wirklich gelebt hat.*

Franciscus, der Knecht und Freund des Höchsten, ist geboren von der Stadt Assisi. Er ward ein Kaufmann und verzehrte seine Zeit in üppigem Weltleben, bis daß er zwanzig Jahre alt ward. Da schlug ihn der Herr mit der Geißel des Siechtums, daß er ward von Stund an verwandelt in einen anderen Menschen; und der Geist der Weissagung hub an aus ihm zu sprechen. Denn es geschah, daß er mit etlichen anderen Bürgern von denen von Perugia gefangen ward, und in schwerer Gefängnis gehalten: da saßen seine Gesellen voll Trauer, aber er war fröhlich; da straften sie ihn darob, er aber sprach ›Ihr sollt wissen, daß ich fröhlich sein muß; denn ich soll vor meinem Tode noch so heilig werden, daß man mich durch alle Welt wird anbeten‹.
Einst, da er in großer Andacht gen Rom war gefahren, tat er sein Gewand ab und zog eines Armen Kleid an,

und setzte sich unter die anderen Armen vor Sanct Peters Kirche und bat das Almosen, als wäre er ihrer einer; desgleichen hätte er gern oft getan, doch hinderte ihn die Scham vor seinen Freunden.

Da wollte der böse Feind ihn von seinem heilsamen Vorsatz ziehen und rief ihm ein ungestalt bucklicht Weib seiner Stadt in seinen Sinn, und gab ihm in sein Herz, er würde werden wie diese, wenn er sich nicht kehre von dem, was er begonnen hätte; aber der Herr stärkte ihn, und er hörte die Worte ›Francisce, willst du mich erkennen, so muß dir das Bittere süß sein und mußt dich selber verachten‹.

Einst begegnete ihm der Aussätzigen einer, die von den Menschen sonst gar verschmähet sind; da gedachte er der Gottes Stimme und lief hin und küßte ihn; darnach verschwand der Aussätzige alsbald. Da ging Franciscus hin zu der Aussätzigen Wohnungen und küßte ihnen allen die Hände in großer Demütigkeit und schenkte ihnen viel Guts.

Einsmals ging er in die Kirche Sanct Damiani, daselbst zu beten; da sprach das Bild des Herrn wunderbarlich zu ihm ›Francisce, gehe hin und baue mir mein Haus wieder; denn du siehest, wie es gänzlich ist verstöret‹. Von Stund an zerschmolz ihm sein Herz, und ward ihm das Leiden des Herrn wunderbarlich eingeprägt. Und tat großen Fleiß, daß er die Kirche wieder bauete, und verkaufte, was er hatte; und brachte das Geld einem Priester. Der wollte es nicht nehmen aus Furcht vor seinen Eltern; da warf er es ihm vor seine Füße und achtete es gering als den Staub. Da fing ihn sein Vater und band ihn, bis er ihm das Geld wieder gäbe; das tat er, und warf ihm auch sein Kleid hin, und floh also

nackt zum Herrn, und zog die Kutte an. Darnach ging er
zu einem schlichten Menschen und bat ihn, daß er sein
Vater möchte sein, aufdaß er seinen Segen habe, da
sein irdischer Vater ihm fluchte. ...

Eines Tages hörte er, was der Herr zu seinen Jüngern
sprach, da er sie aussandte zu predigen; alsbald stund
er auf mit ganzer Kraft, daß er der Welt das Heil bringe,
und tat die Schuhe von seinen Füßen, zog ein einig
schlecht Kleid an und gürtete sich mit einem Strick an
eines Gürtels Statt. ...

Einst kam er zu der Stadt Arezzo, da war ein Bürger-
krieg entbrannt; da sah der Mann Gottes von der Burg
aus über dem Lande die Teufel in der Luft fröhlich tanzen, und sprach zu seinem Gesellen Silvester ›Gehe
hin zu dem Stadttor und gebiete den Teufeln im Namen Gottes des Allmächtigen, daß sie aus der Stadt
fahren‹. Da lief der Bruder an das Tor und rief mit lauter Stimme ›Im Namen Gottes und auf das Gebot un-
seres Vaters Franciscus, weichet von hinnen, ihr Teufel
alle‹. Hiernach bald ward gar ein guter Friede unter
den Bürgern. ...

Einer von den Brüdern, ein Geselle Sanct Francisci,
ward verzückt und sah im Himmel die Throne, und unter ihnen einen sonderlich schön und strahlend in großer Glorie; da verwunderte er sich, wem dieser herrliche Sitz wäre bereitet; da hörte er die Stimme ›Dieser
Thron war der Fürsten einem, die da stürzten; nun ist
er bereit dem demütigen Bruder Franciscus‹. Da er
vom Gebet aufstund, ging er zu Sanct Francisco und
fragte ihn ›Vater, wie denkest du über dich selber?‹
Antwortete Sanct Franciscus ›Ich dünke mich den
größten aller Sünder‹. Da sprach der Geist im Herzen

des Bruders ›Siehe, wie das Gesicht ist wahr gewesen, das du gesehen hast; denn zu dem Thron, der durch Hoffart verloren ward, hebt die Demut den Niedersten empor‹.

Der Knecht Gottes sah einst im Gesicht einen Seraphin über sich, der war gekreuziget: der drückte ihm die Male seiner Kreuzigung so sichtbarlich ein, daß es schien, daß Sanct Franciscus selber gekreuziget sei; also daß seine Hände und Füße und seine Seite mit dem Zeichen des Kreuzes waren gezeichnet. Doch verbarg er die Wundmale vor aller Augen mit Fleiß, dennoch sahen sie etliche, da er lebte. Da er aber tot war, sahen sie alle öffentlich. Daß er in der Wahrheit die Wundmale empfing, das ist durch viele Zeichen bewährt. ...

Sanct Franciscus war voll Taubeneinfalt und mahnte alle Kreaturen zur Liebe ihres Schöpfers. Er predigte den Vögeln, die hörten ihm zu und ließen sich von ihm streichen, und flogen nicht eher von ihm, als bis er ihnen Urlaub gab. Einsmals, da er predigte, zwitscherten die Schwalben; da schwiegen sie alsbald, da er es ihnen gebot.

Bei der Portiuncula neben seiner Zelle saß ein Heimlein auf einem Feigenbaum und sang; da rief Sanct Franciscus ihm und reckte die Hand nach ihm aus und sprach ›Komm zu mir, meine Schwester Cicada‹; da war sie ihm gehorsam und flog auf seine Hand. Da sprach er ›Sing meine Schwester Cicada und lobe deinen Herrn‹. Da sang sie alsbald und ging nicht eher von ihm, als bis er ihr Urlaub gab.

Sanct Franciscus schonete der Laternen und Lampen und Kerzen, denn er wollte mit seiner Hand das Licht

nicht verunreinigen. Er wandelte auf den Felsen mit
großer Andacht und dachte des, der sich den Felsen
nennt des göttlichen Gesetzes. Er las die Würmlein
von der Straßen, daß sie von den Füßen der Vorüberge-
henden nicht zertreten würden. Den Bienen ließ er guten Honig geben und guten Wein, damit sie in der
Kälte des Winters nicht verdürben. Und nannte alle
Tiere seine Brüder. Wann er Sonne und Mond und
Sterne ansah, ward er erfüllt mit wunderbarer unsäglicher Freude über die Liebe des Schöpfers; und lud sie
alle zu des Schöpfers Lob. ...
Zu einer Zeit ging er durch die Sümpfe von Venedig, da
fand er eine große Menge der Vögel in dem Sumpfe
singen, und sprach zu seinem Gesellen ›Meine Brüder
die Vögel loben ihren Schöpfer, laß uns in ihre Mitte
gehen und dem Herrn seine Stunden singen‹. Da sie zu
ihnen traten, flogen die Vögel nicht hinweg; aber da sie
vor dem Zwitschern der Vögel einander nicht mochten
hören, sprach er zu ihnen ›Ihr Vögel meine Brüder, lasset von eurem Gesang, bis wir würdiglich das Lob des
Herrn haben vollbracht‹. Da schwiegen sie alsbald;
und da sie ihr Lob vollbracht hatten, gab er ihnen wieder Urlaub zu singen, und sie sangen wieder als zuvor. ...
Da er nun aber nahete seinen letzten Tagen, und war
von langem Siechtum gar erschöpft, da ließ er sich
nackend niederlegen auf die bloße Erde und hieß alle
Brüder, die daselbst waren, zu sich rufen, legte seine
Hände auf jeglichen und gab denen, die gegenwärtig
waren, seinen Segen für die andern alle; und teilte jeglichem einen Bissen Brotes, als es geschah bei dem
Abendmahl des Herrn. Und als es seine Gewohnheit

war, so lud er alle Kreaturen zum Lobe Gottes und mahnte den Tod selber, der doch den Menschen allen gar schrecklich und verhaßt ist, zum Lobe Gottes, ging ihm fröhlich entgegen und lud ihn zu sich mit den Worten ›Willkommen sei mein Bruder der Tod‹. Und da seine letzte Stunde kam, entschlief er im Herrn. Und ein Bruder sah seine Seele als einen Stern, so groß wie der Mond, und so leuchtend wie die Sonne. ...

## Elisabeth von Thüringen

*Mit dieser gefühlvollen Geschichte schließt diese Auswahl. Hier mischt sich historisch Nachprüfbares mit den Quellen, die auf ihren Beichtvater Conradus zurückgehen. Conradus war bestrebt, sie unmittelbar nach ihrem Tod zu einer Heiligen zu stilisieren, was ihm mit Erfolg gelungen ist. Elisabeths Geschichte ist eine einprägsame Schilderung mittelalterlicher Frömmigkeit vor dem Anbruch der Neuzeit.*

Elisabeth ist gewesen des hochberühmten Königs von Ungarn Tochter. Sie war von Geschlecht gar edel, aber noch viel edler an Glauben und Frömmigkeit, und hat ihr edel Geschlecht mit gutem Beispiel erhöhet und hat es mit Wundern erleuchtet und gezieret mit der Gnade der Heiligkeit. Der Schöpfer der Natur erhob sie unterweilen über die Natur; denn ob das Mägdlein gleich in königlicher Lust erzogen ward, so verschmähte sie doch der Kinder Spiel oder wandelte es zu Gottes Ehre; aufdaß offenbar werde, wie sie von ihren jungen Tagen an in Einfalt lebte und mit Demütig-

keit gar süßiglich anhub. Darnach begann sie guter **207**
Studien zu pflegen und verschmähte die Spiele der Eitelkeit, sie floh die Glückhaftigkeit der Welt und wollte
allein zunehmen in der Andacht Gottes. ...

Nachdem sie ihren jungfräulichen Stand weislich regiert und mit Unschuld hatte durchlaufen, geschah es,
daß sie zu ehelichem Stande sollte kommen; dazu
zwang sie ihres Vaters Gebot. Also sollte sie dreißigfäl-
tige Frucht empfangen, da sie den Glauben der Dreieinigkeit gehalten hatte mit den zehn Geboten. So gab
sie sich denn zu der Ehe, wenngleich wider ihren Willen; und wollte nicht der Wollust dienen, sondern allein ihres Vaters Gebot vollbringen; auch wollte sie
Kinder gebären, die sie aufziehen möchte zu Gottes
Dienst. Und ob sie gleich unter dem Gesetz ehelichen
Lebens gehalten war, so empfand sie doch nimmer
sündliche Lust. Das wird daraus offenbar, daß sie in
die Hände des Magister Conradus ein Gelübde tat, daß
sie ewiglich in Keuschheit wollte leben, so es geschähe, daß ihr Gemahl vor ihr stürbe. Also ward sie
vermählt dem Landgrafen von Thüringen, als ihrer königlichen Herrlichkeit geziemte und Gottes Wille war;
denn sie sollte daselbst viele Menschen zu Gottes
Minne führen und die Unwissenden erleuchten. Und
ob sie gleich ihren Stand verwandelte, so verwandelte
sie doch ihren geistlichen Vorsatz nicht. Sie lebte in
großer Andacht und Demut wider Gott, und war sich
selber gar streng und enthaltsam, wider die Armen
aber war sie von großer Milde und Barmherzigkeit: davon sollen wir nun klärlich schreiben. Sie brannte also
begierlich zu dem Gebet, daß sie vor ihren Mägden zur
Kirche kam mit Eilen, als wollte sie sonderliche Gnade

von Gott erwerben mit heimlicher Bitte. Des Nachts stund sie häufig auf zum Gebet, ob auch ihr Gemahl sie bat, daß sie ruhen möchte und ihres Leibes schonen. Sie hatte einer Magd, die ihr vor den andern vertraut war, geboten: wäre es, daß sie vor Schlaf nicht möchte aufstehen, so sollte sie ihren Fuß anrühren und sie also wecken. Nun geschah es einsmals, da die Magd ihrer Herrin Fuß wollte anrühren, daß sie von ungefähr ihres Herren Fuß ergriff. Der erwachte alsbald und verstund das Ding wohl; doch litt er es geduldiglich und hielt es heimlich mit großer Weisheit. Aufdaß ihre Gebete Gott ein gut Opfer wären, begoß sie sie überflüssig mit Tränen; dieselbigen goß sie aus fröhlich und ohn einige unziemliche Wandelung ihres Angesichts; und weinte also mit Schmerzen, und freuete sich der Schmerzen, und ward ihr Angesicht von dieser Freude mit Schönheit gezieret. Sie erniederte sich in solcher Demut, daß sie um Gottes Liebe böse und schnöde Dinge nicht verschmähte, sondern vollbrachte sie mit großer Andacht. Also nahm sie einen siechen ungestalten Menschen, des Haupt gar böslich stank, in ihren eigenen Schoß und schor ihm sein greulich Haar und wusch ihm sein Haupt, dieweil die Mägde ihrer lachten. Bei den Bittgängen ging sie allezeit in der Procession mit nackten Füßen und in Wollen gekleidet, und wann man Halt machte zur Predigt, so saß sie unter den armen Weibern als ein arm demütig Weib. Wann sie geboren hatte, so zierte sie sich nicht zu der Reinigung gleich den andern mit Edelgestein und goldenem Gewand, sondern sie trug ihr Kind nach der unbefleckten Mutter Bild in ihren eigenen Armen zu dem Altar mit Lamm und Kerze demütiglich; damit erzeigte sie, wie sie weltliche Herrlichkeit verschmähte und sich gänzlich Marien der reinen Mutter wollte gleichen. So sie dann heimkam, gab sie das Gewand, damit sie zur Kirche war gefahren, einem armen Weibe. Aufdaß ihre Demütigkeit kund würde, geschah es, daß sie, die vor allen frei und an Würdigkeit hoch war, sich in Gehorsam gänzlich gab einem armen Menschen, Magister Conradus genannt, der war ein Bettler und war doch von großer Weisheit und Frömmigkeit. Davon ward ihr ehelicher Stand nicht geirret, und gab auch ihr Gemahl seinen Willen dazu. Und sie tat mit Andacht und Freuden, was Meister Conrad ihr gebot, aufdaß sie den Lohn des Gehorsams empfinge und Christo ihrem Herrn möchte nachfolgen, der da gehorsam war bis in den Tod.

Es geschah einst, daß der Meister sie zu einer Predigt hieß gehen; da kam zu ihr die Markgräfin von Meißen, also daß sie ihm nicht mochte gehorsam sein. Darob erzürnte er und vergab ihr solchen Ungehorsam nicht, sondern hieß sie sich ausziehen bis auf ihr Hemd und hieß sie härtiglich schlagen mit etlichen ihrer Mägde, die in gleiche Schuld waren gefallen. Sie war sich auch selber gar hart und streng und peinigte ihren Leib mit Wachen, Fasten, Enthaltung und andrer guter Übung. Und hielt sich oft von ihres Mannes Bette und wachte des Nachts, daß sie an ihrem Gebet möchte sein und zu ihrem himmlischen Vater im Verborgenen reden; zwang sie Schlafes Not, so breitete sie sich einen Teppich auf die Erde und ruhete darauf. War ihr Gemahl fern, so blieb sie ihrem himmlischen Bräutigam im Gebete geeint die ganze Nacht. Oft ließ sie sich in ihrer Kammer von ihren Mägden schwerlich schlagen, damit wollte sie dem Herrn die Pein vergelten, die er von den Geißelhieben mußte leiden, und wollte damit auch ihren Leib ziehen von aller Wollust. Sie war so mäßig in Speise und Trank, daß sie an dem Tische ihres Gemahls, da mannigerhand edle Speise ward aufgetragen, ihr Genügen hatte an schlechtem Brote. Auch so hatte ihr Meister Conrad verboten, daß sie von den Speisen ihres Mannes äße, um die sie kein gut Gewissen möchte haben. Das hielt sie also streng, daß sie mit ihren Mägden grobe Kost aß, dieweil die andern an köstlicher Speise sich ersättigten. Doch saß sie oft zu Tische und handelte die Speisen mit ihrer Hand und teilte sie aus, daß es schiene, als äße sie; also kam sie dem für, daß man sie des Aberglaubens zieh, und erfreuete mit solcher Höfischkeit die Gäste alle. Es geschah einst, da sie mit ihrem Gemahl von einem langen Weg gar müde war, daß ihnen unterschiedliche Speise wurde gereicht, die nicht mit rechter Arbeit erworben schien; das verschmähte sie alles und aß mit ihren Mägden hartes schwarzes Brot, das in warmem Wasser mußte geweicht werden. Darum wies ihr Gemahl ihr etliche Rente, die er zu Recht besaß; davon lebte sie mit ihrer Mägde etlichen, die ihr in allen diesen Dingen gefolgig waren. Oft ließ sie die Speisen des Hofes und ging hin und aß mit etlichen guten Menschen. Ihr Gemahl aber trug dieses alles mit Geduld und sprach, daß er selber gerne desgleichen möchte tun, so er nicht davon Verstörung seines Hauses müßte fürchten. Und ob sie gleich stund in den höchsten Ehren, so liebte sie doch die Armut mit Fleiß, aufdaß sie der Armut Christi möchte widergelten und kein weltlich Wesen an ihr möchte erfunden werden.

Wann sie allein war mit ihren Mägden, so zog sie unterweilen arme Kleider an und wand ein schlechtes Tuch um ihr Haupt und sprach ›Also wird man mich schauen, wenn ich zum Stand der Armut bin gelangt‹. Sie hielt sich selbst mit dem Zügel der Mäßigkeit, doch goß sie Mildigkeit reichlich aus über die Armen; und litt nimmer, daß einer von Not wurde betrübt, und kam ihnen allen zu Hilfe mit großem Gut, daß sie die Mutter der Armen ward genannt. Sie tat die sieben Werke der Barmherzigkeit mit Fleiß, aufdaß sie erwürbe das ewige Königreich, darinnen sie ewiglich sollte herrschen, und empfinge den Segen des Vaters, und sitze zu seiner Rechten mit seinen Gesegneten.

Sie kleidete die Nackten; so sie Gewand gab den Armen, und deckte die Leiber der Pilger und der Armen zum Begräbnis und die Kindlein zur Taufe. Also hob sie die Kindlein oftmals aus der heiligen Taufe und nähte ihnen Gewand mit ihren eigenen Händen; und nahm die Gevatterschaft an sich, daß sie ihnen desto leichter möchte helfen. Es geschah einst, daß sie einer armen Frau einen Rock gab, der war noch gar gut; als das Weib das köstliche Geschenk ansah, fiel sie von großen Freuden zur Erde nieder und lag, als wäre sie tot. Als das Sanct Elisabeth sah, ward ihr leid, daß sie ihr also viel gegeben hatte, und fürchtete, daß sie die Ursache sei ihres Todes; doch betete sie für sie, da stund die Frau wieder auf und war gesund. Oftmals webte sie Wolle mit ihren Mägden und webte selbst mit eigenen Händen, daraus hieß sie Kleider machen, aufdaß sie davon den Lohn ihrer guten Werke möchte empfangen und ein Beispiel gäbe wahrer Demut, und Gott ein Almosen gäbe von der Arbeit ihres eigenen Leibes.

Sie speiste die Hungernden und gab den Armen Nahrung. Denn da ihr Gemahl der Landgraf zu Kaiser Friedrich war gefahren, der zu der Zeit zu Cremona Hof hielt, sammelte sie alles Korn aus ihren Scheuern und hieß die Armen zuhauf kommen allenthalben und gab ihnen täglich ihre Notdurft, denn zu der Zeit drohete Teuerung und Hunger dem Land. Und so sie einem Armen auch nur wenig mochte geben, so fügte es doch die Gottes Kraft, daß ihm damit desselbigen Tages genug war. Wann ihr Geld mangelte, so verkaufte sie oftmals ihren Schmuck, daß sie den Armen damit zu Hilfe käme und pflag sich und ihren Mägden viel abzubrechen und behielt es den Armen.

Sie tränkte die Dürstenden. Einst da sie den Armen Bier spendete, und einem jeglichen reichlich hatte geschänket, da fand man, daß das Bier im Krug sich nicht gemindert hatte, sondern dasselbe Maß hielt wie zuvor.

Sie herbergte die Pilger und Armen; darum so hatte sie am Fuße ihrer hohen Burg ein Haus gebauet, darin sie die Schar der Siechen pflegte; die besuchte sie alle Tage und ließ sich die Mühe nicht verdrießen, hinabzusteigen und wieder hinauf. Sie brachte ihnen alte Notdurft und mahnte sie zur Geduld mit gütlichen Worten; und ob sie gleich alle Zeit ihres Lebens keine böse Luft mochte erleiden, so ertrug sie doch den üblen Geruch der Kranken, auch in heißer Sommerszeit, um der Liebe Gottes willen, und half ihnen mit Arznei, und trocknete sie mit dem Tuch ihres Hauptes und rührte sie an mit ihren Händen, das doch ihre Mägde nicht mochten tun. In demselben Hause ließ sie die Kinder armer Frauen aufziehen mit Fleiß, denen war sie so

mild und lieblich, daß sie sie ihre Mutter hießen; trat
sie in das Haus, so liefen sie ihr alle nach, als Kinder
ihrer Mutter tun, und stunden mit Fleiß vor ihr zuhauf.
Sie aber brachte ihnen kleine Krüge und gläserne
Ringlein und ander Ding von Glas, damit sie kindliche
Spiele trieben. Einsmals trug sie dergleichen in ihrem
Mantel, da sie zu ihrem Schlosse ritt; da fiel ihr das
Spielwerk von einem hohen Felsen herab auf die
Steine, und ward doch kein Schaden daran erfun-
den.

Sie besuchte die Kranken; denn das Mitteid mit den
Elenden hatte ihren Geist also gänzlich eingenommen, daß sie häufig ihre Herbergen durchsuchte und
besuchte sie mit Fleiß und trat freundlich und demütig
in ihre Kammern; die bösen Straßen verdrossen sie
nicht und die weiten Wege machten sie nicht müde.
Sie spendete ihnen alle Notdurft und half ihnen mit
tröstlicher Rede. Darum ward ihr auch Lohn um fünferlei Ursach willen, als um die Gnade ihres Besuchs, um
die Mühe des Wegs, um ihren barmherzigen Willen,
um ihren tröstlichen Zuspruch und um die Gabe des
Almosens.

Sie kam auch zu dem Begräbnis der Armen und lief
zu ihrem Begängnis mit Andacht; die Kleider, die sie
mit eigenen Händen hatte gemacht, die tat sie an ihre
Leiber; also zerschnitt sie einst ihren großen linne-
nen Schleier und hüllte eines Armen Leichnam darein.
Sie rührte die Leiber der Toten an mit ihren eigenen
Händen und blieb bei der Feier mit Andacht. In diesen
Dingen war die Frommheit ihres Gemahls gar löb-
lich, denn ob er gleich mit viel weltlichen Geschäften
war bekümmert, so war er doch andächtig in Gottes

Dienst; und da er selber dergleichen nicht mochte vollbringen, so hatte er seinem Weibe Gewalt gegeben, daß sie alles täte, was zu der Ehre Gottes nottäte und zum Heil seiner Seele.

Nun begehrte Sanct Elisabeth, daß ihr Gemahl seine Waffen möchte führen zur Beschirmung des Glaubens und überkam ihn mit heilsamem Rat, daß er hinfuhr in das heilige Land. Aber als der fromme Landgraf daselbst war, da gab er seinen Geist zu Gott, daß er die Frucht seiner Werke empfahe; denn er war edel in reinem Glauben und fromm in rechter Demut. Also nahm sie mit Ernst ihren witweglichen Stand an sich, aufdaß sie nicht um den Lohn witweglicher Enthaltsamkeit möchte betrogen werden, sondern sechzigfältige Frucht empfange, da sie die zehn Gebote hielt und übte die sechs Werke der Barmherzigkeit. Da aber nun der Tod ihres Gemahls kund ward durch das ganze Thüringische Land, da ward sie von etlichen Vasallen ihres Gemahls geschuldigt, wie sie ihr Gut verstreut und verschwendet hätte, und ward mit Schimpf aus ihrem Lande gar ausgetrieben, aufdaß ihre große Geduldigkeit offenbar würde und auch ihre Sehnsucht nach der Armut würde erfüllt, die sie lange hatte getragen. Also kam sie eines Nachts in das Haus eines Wirtes, und herbergte sich, da die Schweine lagen, und sagte Gott Dank. Da die Stunde der Frühmette kam, ging sie vor das Haus der Minderbrüder und bat sie, daß sie für ihre Trübsal Gott dankten und für sie den Gesang sängen Te Deum laudamus. Des andern Tags hieß man sie mit ihren Kindern in das Haus eines ihrer Neider gehn; da stieß man sie in ein eng Gemach, und Wirt und Wirtin waren ihr gar hart. Da redete sie mit

den Wänden und sagte ihnen Lebewohl und sprach
›Ich möchte wol die Menschen gegrüßt haben, doch
fand ich ihrer nicht, die barmherzig wären gewesen‹.
Also zwang man sie, daß sie wieder ging an ihre vorige
Statt, und mußte ihre Kinder hingeben, daß man sie
aufzöge an unterschiedlichen Orten. …

Darnach erbarmte sich über ihre Armut ihrer Mutter
Schwester, die eine Äbtissin war, und führte sie zu dem
Bischof von Bamberg, ihrem Oheim; der empfing sie
mit Ehren und hielt sie mit Fürsicht, denn er wollte sie
zu einer zweiten Ehe geben. Als das ihre Mägde ver-
nahmen, die mit ihr Keuschheit hatten gelobt, weinten
sie darob gar sehr und sagten es mit Seufzen Sanct
Elisabeth. Die aber stärkte sie und sprach ›Ich vertraue
auf den Herrn, um des Liebe willen ich ewige Keuschheit habe gelobt, daß er meines Gelübdes hüte und
alle Gewalt verstöre und den Rat der Menschen zu
Schanden mache; und so etwan mein Oheim mich einem möchte zur Ehe geben, will ich meinen Sinn darein nicht fügen und mit Worten darwider reden. Bleibt
mir aber kein anderer Rat, daß ich möchte entrinnen,
so will ich mir die Nase selber abschneiden, daß er
also meine Ungestalt müsse verschmähen‹. Darnach
ward sie auf des Bischofs Gebot auf eine Burg gebracht
wider ihren Willen, daselbst sollte sie bleiben, bis daß
sie wieder in die Ehe würde gegeben; da befahl sie ihre
Reinigkeit Gott mit Tränen. Siehe da geschah es von
Gottes Fügung, daß ihres Mannes Gebeine von den
Landen jenhalb des Meeres wurden heimgeführt. Also
hieß sie der Bischof wiederkommen, daß sie den Gebeinen ihres Gemahls mit Andacht entgegen ziehe.
Und ging der Bischof den Gebeinen mit köstlicher Pro-

cession entgegen, sie aber empfing sie gar inniglich mit weinenden Augen. Und wandte ihr Angesicht empor zum Herrn und sprach ›Herr ich danke dir, daß du mich Elende Trostes gewürdiget hast, da du mich die Gebeine meines Gemahls, den du lieb hattest, ließest empfangen. Herr du weißt, daß ich ihn gar lieb hatte, der in deiner Minne war entbrannt: und habe doch um deiner Liebe willen seine Gegenwärtigkeit entbehrt und hab ihn ins Heilige Land gesandt, für dich zu kämpfen. Mir wäre gar lieblich, noch mit ihm zu leben, so ich auch durch alle Welt mit ihm müßte betteln gehn: doch du weißt, daß ich wider deinen Willen ihn zu diesem sterblichen Leben nicht möchte wieder rufen, möchte es auch sein um den Preis eines Haares meines Hauptes; denn ich befehle ihn und mich gänzlich deiner Gnade‹. Aufdaß sie nun die hundertfältige Frucht nicht möchte verlieren, die denen zuteil wird, die in der Vollkommenheit des Evangeliums leben, und von der linken Hand des Jammers gesetzt werden zu der Rechten der Glorie; so zog sie das Nonnengewand an, ein grau, niedrig und schlecht Gewand; und bewahrte nach dem Tode ihres Gemahls ihre Keuschheit fortan ewiglich, und hielt vollkommenen Gehorsam, und lebte in freiwilliger Armut. Sie wollte auch vor die Türen betteln gehn, das verbot ihr aber Meister Conrad. Sie trug so schmählich Gewand, daß ihr grauer Mantel mit Tuch von andrer Farbe verlängert war, und waren die Löcher in den Ärmeln ihres Kleides mit andersfarbigem Tuche geflickt. Das vernahm ihr Vater der König von Ungarn, daß seine Tochter in solche Armut sei gekommen, und sandte einen Grafen zu ihr, der sollte sie wieder heimführen in ihr väterliches Haus.

Da er sie nun sitzen sah in ihrem schlechten Gewand und demütig weben, da ward er von Schrecken und Wunder bewegt und rief aus ›Nimmer sah man eines Königs Tochter in so schmählichem Gewand, noch ward je vernommen, daß eine Fürstin Wolle spann‹. Da er sie aber mit Ungestüm bat, daß sie heimführe, wollte sie ihm nicht folgen; und wollte lieber mit den Armen in Armut leben, denn mit den Reichen in aller Wollust.

Damit aber ihr Geist gänzlich in Gott möchte eingehen, und ihrer großen Frömmigkeit nichts mehr möchte hinderlich sein, bat sie den Herrn, daß er ihr Verachtung eingösse wider alles zeitliche Ding, und die Liebe ihrer Kinder aus ihrem Herzen risse, und ihr Standhaftigkeit verleihe, daß sie fürder keiner Schmach achte. Und da sie das Gebet gesprochen hatte, vernahm sie, wie der Herr ihr antwortete und sprach ›Dein Gebet ist erhört‹. Da sprach sie zu ihren Mägden ›Der Herr hat meine Stimme erhört, denn siehe, alles zeitliche Ding ist mir als ein Mist, und ich trage um meine Söhne nicht andere Sorge denn um meinen Nächsten; alle Schmach und Schnödigkeit achte ich für nichts, und ich erkenne, daß ich nichts anderes mehr liebe denn Gott‹. Meister Conrad legte ihr viel Beschwernis und Widerwärtigkeit auf, und schied von ihrer Gesellschaft alle, die sie gar zu sehr liebte. Also nahm er ihr auch zwei treue Mägde, die sie sonderlich lieb hatte und die von Jugend auf mit ihr waren erzogen. Davon ward ihnen viel Weinen beiderseit. Dies tat aber der heilige Mann, daß er ihren Willen bräche, und sie ihren Mut gänzlich würfe auf Gott; auch wollte er fürkommen, daß der Mägde eine ihr ihre frühere Herrlichkeit ins Gedächtnis riefe. In diesen Dingen allen ward sie erfunden bereit zu gehorchen und standhaft zu leiden, also daß sie mit Geduld ihre Seele besaß, und durch Gehorsam den Sieg empfing. Sie sprach auch ›Ich fürchte um Gottes Willen einen sterblichen Menschen also sehr als ich den himmlischen Richter selber müßte fürchten, darum hab ich Meister Conrad einem Armen und Bettler Gehorsam gelobt und nicht etwelchem reichen Bischofe, also daß ich von allem zeitlichen Trost möchte geschieden sein‹.

Einst baten sie etliche Nonnen, daß sie sie in ihrem Kloster möchte besuchen, das vollbrachte sie auch, ob sie gleich von ihrem Meister keinen Urlaub hatte genommen; darum ließ er sie also schwerlich schlagen, daß noch über drei Wochen die Striemen der Schläge an ihr wurden erfunden. Sanct Elisabeth sprach sich und ihren Mägden zu Trost ›Gleich wie das Gras niedergedrückt wird von einem überfließenden Wasser, und steht wieder empor, so das Wasser verrinnt, also sollen auch wir uns in Demut niederbeugen, wann Trübsal über uns kommt, und sollen uns wieder aufrichten zu Gott mit geistlicher Freude, so die Trübsal vergeht‹. Sie erniederte sich in Demut also sehr, daß sie nicht litt, daß ihre Mägde sie Herrin nannten, sondern sie durften allein zu ihr reden in der Form Singularis, als wir den Unteren pflegen zu rufen. Sie wusch auch die Pfannen und ander Küchengerät, und sandte dann die Mägde fort, daß sie von ihnen nicht gehindert würde. Sie sprach auch ›Möchte ich ein ander Leben finden, das noch schnöder wäre, ich erwählte es mir‹. Aufdaß sie mit Maria das beste Teil möchte erwählt

haben, lag sie der Beschauung ob mit Fleiß. In dem
Schauen hatte sie sonderliche Gnade Tränen auszu-
gießen, himmlische Gesichte zu sehen, und andere zu
der Liebe Gottes zu entzünden. Wann sie sonderlich
fröhlich erschien, goß sie freudige Tränen der Andacht
aus, und rannen ihr die Tränen von ihren Augen als aus
einem klaren Quell; also war sie beides, fröhlich und
traurig zugleich, und verkehrte ihr Angesicht nimmer
zu Runzeln und Ungestalt mit ihrem Weinen. Sie
sprach von denen, die ihr Antlitz im Weinen verkehrten
›Sie sind im Schrecken des Herrn, und sollen doch,
was sie haben, Gott geben mit Freuden und Lachen‹.
Sie sah auch oft himmlische Gesichte in ihrem Gebet
und in ihrer Beschauung.
So geschah es einst, in der heiligen Fastenzeit, da sie
in der Kirche war, daß sie ihre Augen so unverwandt
auf den Altar hielt gerichtet, als ob sie daselbst schaue
Gottes Gegenwärtigkeit, und ward ihr daselbst eine
tröstliche Offenbarung lange Zeit. Darnach da sie nach
Hause kam, lehnte sie sich in den Schoß ihrer Magd
von großer Schwäche, und hielt ihre Augen durch das
Fenster gen Himmel gerichtet; da ward ihr Angesicht
von solcher Freude übergossen, daß ein himmlisch Lachen sich darauf erzeigte. Und nachdem sie lange von
dem lieblichen Gesicht war erfreut worden, ward sie
plötzlich trauern und weinen. Darnach schlug sie ihre
Augen wieder auf und war in den Freuden als zuvor;
hienach schloß sie ihre Augen wieder und ward aber
weinen; und also stund sie in göttlicher Tröstung bis
zum Completorium. Und da sie also lange schwieg und
kein Wort redete, so brach sie endlich aus und sprach
›Also Herr, willst du mit mir sein und ich mit dir, und

will von dir nimmer geschieden werden‹. Darnach baten sie die Mägde, daß sie zu der Ehre Gottes und ihrer Erbauung ihnen kund tun sollte, was sie hätte gesehen. Da ward sie von ihrem Ungestüm überwunden und sprach ›Ich sah den Himmel offen und Jesum sich gütlich zu mir neigen, der erzeigte mir sein klares Angesicht; da ward ich von seinem Schauen erfüllt mit unaussprechlicher Freude, und ward von Trauer niedergeworfen, da er sich von mir wandte. Da erbarmte er sich über mich, und erzeigte mir zum andern Male sein Angesicht und sprach: Willst du mit mir sein, so bin ich mit dir. Also antwortete ich ihm, was ihr mich hörtet sprechen‹. Man bat sie, daß sie auch das Gesicht auslege, das sie an dem Altar hätte gesehen. Da antwortete sie ›Was ich daselbst sah, das mag nimmer erzählt werden, denn ich war daselbst in großen Freuden und schauete Gottes Wunder‹. Oftmals, wann sie in ihrem Gebet stund, leuchtete ihr Angesicht wunderbarlich, und gingen Strahlen von ihren Augen gleich den Strahlen der Sonne. ...

Da nun Sanct Elisabeth stund auf dem Gipfel der Vollkommenheit, ließ sie um die Beschauung Mariae nicht die gute Arbeit Marthae, als zuvor bei den sechs Werken der Barmherzigkeit erzeigt ist. Und lag fleißig ob guten Werken, auch da sie das Nonnengewand hatte an sich genommen. Da sie für ihre Mitgift zweitausend Mark hatte empfangen, gab sie ein Teil den Armen, von dem übrigen baute sie zu Marburg ein großes Hospital. Derhalben sprach man gemeiniglich, daß sie ihr Gut verstreue und verschwende, und hieß sie eine Närrin. Da sie aber alles Unrecht fröhlich ertrug, lästerte man sie, wie sie das Gedächtnis ihres Gemahls also

bald aus ihrem Herzen habe gerissen, da sie also fröhlich möchte sein. Da das Hospital gebaut war, da gab
sie sich zu der Armen Dienste als eine niedere Magd,
und diente ihnen mit Fleiß, und wusch sie und tat sie
in ihre Betten und deckte sie. Davon sprach sie mit
Freuden zu ihren Mägden ›Wie wohl füget es sich uns,
daß wir den Herrn also mögen baden und decken‹.
Und war in der Armen Dienst so demütig, daß sie einen
einäugigen Knaben des Nachts zu sechs Malen auf ihren eigenen Armen zum Ort der Notdurft trug, und
seine entreinten Laken mit Freuden wusch. Ein Weib,
das siech war mit greulichem Aussatz, das wusch sie
oft und trug sie zu Bette, und trocknete und band ihre
Schwären, und tat dazu Arznei; und schnitt ihr die Nägel, und kniete zu ihren Füßen nieder, daß sie ihre
Schuhriemen löse. ...
Da aber die Zeit nahete, daß der Herr seine Geliebte
aus dem Gefängnis dieser Welt zu sich wollte rufen,
aufdaß, die ihr weltlich Reich hatte verschmäht, das
Reich der Engel sollte empfangen; da erschien ihr
Christus selber und sprach ›Komm meine Auserwählte
in die ewigen Wohnungen, die ich dir bereitet hab‹. Da
sie nun am Fieber darnieder lag und ihr Angesicht zu
der Wand hatte gekehrt, da hörten, die bei ihr stunden,
den Sang einer süßen Melodieen. Da fragte der Mägde
eine, was das wäre. Sie antwortete ›Es sitzt ein Vöge-
lein zwischen mir und der Wand, das singet also süße,
daß ich mit ihm mußte singen‹. In derselben Krankheit
war sie allezeit gar fröhlich und wich nimmer vom Gebet. Am letzten Tage vor ihrem Hingang aber sprach
sie ›Was würdet ihr tun, so der Teufel zu euch käme?‹
Über ein kleines rief sie mit lauter Stimme zu drei Ma-

len ›Flieh hin!‹ als triebe sie den Teufel von sich. Darnach sprach sie ›Siehe es nahet die Mitternacht, da Christus wollte geboren sein und in der Krippe ruhen‹. Da aber die Stunde kam ihres Hinscheidens, da rief sie ›Die Zeit ist da, da der allmächtige Gott seine Freunde läd zu der himmlischen Hochzeit‹. Damit entschlief sie in Frieden, im Jahr des Herrn 1231. Da lag ihr ehrwürdiger Leib vier Tage unbegraben, dennoch ging kein übler Geruch von ihm, sondern ein köstlicher Duft, der erquickte viel Menschen. Da sie tot war, sah man auf der Kirche Giebel viel Vögel versammlet, die zuvor noch niemand hatte gesehen; die sangen mit gar süßem Schall und also künstlich, als sängen sie ihre Exsequien; darob männiglich groß Wunder nahm. Da war auch großes Klagen der Armen und große Andacht des Volkes; ein Teil schnitt sich von ihren Haaren ab, ein Teil schnitt Stücke aus ihrem Gewand, und bewahrten das als großes Heiltum. Und da ihr Leib zu Grabe gelegt ward, fand man darnach, daß der Leib von Öle überfloß. Also ward bei ihrem Tode ihre Heiligkeit offenbar; das erzeigte sich auch an dem Sang des Vogels und dem Fliehen des Teufels. ...

Denn als wir meinen so waren die Vögel, die auf der Kirche Dach mit Singen und Frohlocken erschienen, Engel von Gott gesandt, die sollten ihre Seele gen Himmel tragen und ihren Leib ehren mit himmlischem Lobgesang. Denn gleich wie zu der Bösen Tode die Menge der Teufel sich sammlet, daß sie sie peinigen mit Schrecken und ihre Seele rauben zur Höllen, also kommt zu der Seligen Tod die Schar der Engel, daß sie sie stärke und ihre Seelen führe ins himmlische Reich. ...

4, 90